Nina Kölsch-Bunzen | Rebecca Traub
Verletzendes Verhalten von Fach- und Lehrkräften in Kindertageseinrichtungen und Grundschulen

Nina Kölsch-Bunzen | Rebecca Traub

Verletzendes Verhalten von Fach- und Lehrkräften in Kindertageseinrichtungen und Grundschulen

Studierende und Fachschüler*innen setzen sich mit dem Recht auf Gewaltfreiheit in Bildungsinstitutionen auseinander

Unter Mitarbeit von Clarissa Casar, Anna-Lena Föll, Katharina Hauptmann, Sophie Macher und Meike Renn

BELTZ JUVENTA

Die Autorinnen

Prof. Dr. phil. Nina Kölsch-Bunzen lehrt Soziale Arbeit und Kindheitspädagogik an der Hochschule Esslingen. Arbeitsschwerpunkt: diskriminierungs-, barriere-, rassismus- und antisemitismuskritische, menschenrechtsorientierte, demokratische Bildung mit Kindern in der Migrationsgesellschaft.

Rebecca Traub, Jg. 1997, M.A., ist Lehrbeauftragte im Studiengang Kindheitspädagogik an der Hochschule Esslingen. Ihre Arbeitsschwerpunkte sind die pädagogische Ethik sowie institutionelle und theoretische Grundlagen von Bildungsprozessen.

FSC® www.fsc.org MIX Papier | Fördert gute Waldnutzung FSC® C089473

Dieses Buch ist erhältlich als:
ISBN 978-3-7799-8006-3 Print
ISBN 978-3-7799-8007-0 E-Book (PDF)
ISBN 978-3-7799-8064-3 E-Book (ePub)

1. Auflage 2024

Herstellung: Ulrike Poppel
Satz: Helmut Rohde, Euskirchen
Druck und Bindung: Beltz Grafische Betriebe, Bad Langensalza
Beltz Grafische Betriebe ist ein klimaneutrales Unternehmen (ID 15985-2104-100)
Printed in Germany

Weitere Informationen zu unseren Autor:innen und Titeln finden Sie unter: www.beltz.de

Inhalt

1. Einleitung

Dieses Buch entstand aus einer intensiven Zusammenarbeit zwischen mir als Professorin der Sozialen Arbeit und der Kindheitspädagogik sowie Studierenden, die in Seminaren von ihren Erfahrungen im Praktikum berichteten. Unterstützend konnte Rebecca Traub Erkenntnisse aus ihrer Masterarbeit zum Thema ‚Professioneller Umgang von Studierenden der Kindheitspädagogik im Praktikum mit verletzendem Verhalten pädagogischer Fachkräfte gegenüber Kindern' in die Bildungsimpulse miteinfließen lassen.

An der Hochschule Esslingen, in der Fakultät *Soziale Arbeit, Bildung und Pflege*, im *Studiengang der Kindheitspädagogik* werden im Studium insgesamt vier Praktika in Kindertageseinrichtungen, in Grundschulen sowie in weiteren Institutionen, die mit Kindern und deren Familien zusammenarbeiten, durchgeführt. In den ersten drei Semestern wird pro Semester jeweils ein Kurzpraktikum mit 25 Stunden absolviert und im 4. Semester steht ein Praktikum an, das sich über das gesamte Semester erstreckt. Alle Praktika werden vorbereitet und nachbereitet. Im 4. Semester wird darüber hinaus noch Supervision auf freiwilliger Basis angeboten.

Viele Studierende, die ihr Praktikum in einer Kindertageseinrichtung bzw. einer Grundschule absolviert hatten, kamen erfüllt mit vielen neuen positiven Eindrücken und Anregungen zurück an die Hochschule. Sie hatten es, so ihre Einschätzung, gut getroffen. Die pädagogischen Fachkräfte und die Lehrkräfte pflegten einen freundlichen, offenen Umgang mit Kindern, Eltern, Angehörigen und auch mit der Studentin oder dem Studenten der Kindheitspädagogik im Praktikum. Einige Studierenden wussten von innovativer Architektur in Kindertageseinrichtungen zu berichten, andere von fantasievoller Gestaltung des Außenbereiches einer Grundschule. Studierende schilderten pädagogische Schlüsselsituationen wie die Gestaltung der morgendlichen Begrüßung bzw. der Verabschiedung von Kindern, Eltern, Angehörigen und Mitarbeiter*innen, von pädagogischen Aushandlungsprozessen zwischen Fachkräften und Kindern im Blick auf Arrangements der Essensituationen, Schlafsituationen und Spielsituationen, Studierende berichten von für Kinder bildungsrelevanten Alltagshandlungen wie dem Wickeln oder dem Gang zur Toilette. Studierende berichteten von innovativen Bildungsangeboten, die in der Grundschule zur Anwendung kamen. Studierende waren beeindruckt, wie gut es den Kindern bereits in Kindertagesstätten und Grundschulen gelingen kann, demokratische Entscheidungen zu treffen über Fragestellungen, die unmittelbar auf ihre Lebenswelt bezogen sind.

Nicht in jeder Kindertageseinrichtung oder Grundschule waren alle Bildungsbereiche qualitativ gleich gut abgedeckt. Jedoch die Vielfalt der positiven Erfahrungen zu unterschiedlichen Bereichen, welche die Studierenden untereinander austauschen konnten, verdeutlichten uns allen im Seminar, wie Kindertageseinrichtungs- oder Grundschulalltag zu einer demokratischen Bildungserfahrung werden kann. Diese Erfahrungen aus der Praxis stärkten die Weiterentwicklung professionellen Wissens und einer professionellen Haltung der Studierenden.

Dass die hohe Fachlichkeit in Kindertageseinrichtungen und Grundschulen nicht immer umfänglich realisiert ist, darauf waren die Studierenden vom ersten Praktikum ihres Studiums an eingestellt. Intensiv hatten sie sich zuvor mit Fragen der Qualität in Kindertageseinrichtungen befasst. Die Relevanz der professionellen Ausgestaltung von Schlüsselsituationen in Kindertageseinrichtungen und Lernprozessen in der Grundschule als Bildungsangebote konnten sie exemplarisch erarbeiten.

Viel Wert wird im Studiengang Kindheitspädagogik an der Hochschule Esslingen gelegt auf ein Verständnis von Demokratie als Lebensform (Dewey 2011). Bereits kleine Kinder ab Geburt sind in der Lage, Demokratie konkret in ihrem Alltag zu erfahren. Ausgehend von einem Bild vom Kind, das bereits den Säugling als kompetent begreift (Dornes 1993), sind demokratische Aushandlungsprozesse von Anfang an möglich. Das Kind ist von Anfang befähigt, mitzuarbeiten bereits in pädagogischen Schlüsselsituationen wie dem Wickeln, Schlafen oder beim Essensvorgang sowie dann in zunehmend komplexeren Lernprozessen, sofern diese als demokratische Bildungsangebote konzipiert sind.

Auch die politische Dimension des gesellschaftlichen Umgangs mit Kindern und Kindheit wird vor Praktikumsbeginn schon einmal eröffnet, beispielsweise durch die Diskussion über Fragen der Ausstattung von Kindertageseinrichtungen bezogen auf die objektiven Bedarfe aller Akteur*innen dieser Bildungsinstitution. Erörtert werden die Unterschiede zwischen der Berechnung eines Personal-Schlüssels und der Berechnung einer Fachkraft-Kind-Relation (Viernickel et al. 2015, 75 ff). Auch wenn der Personalschlüssel sich an wissenschaftliche Anforderungen allmählich und in einzelnen Bundesländern noch in ganz unterschiedlicher Geschwindigkeit annähert, so ist doch entscheidend, ob dies beim Kind auch ankommt. Studierende wissen bereits, dass die Fachkraft-Kind-Relation, die konkret in der Kindertageseinrichtung vorhanden ist, ein sehr wichtiger Einflussfaktor für die tatsächliche Qualität vor Ort darstellt. Auch um die Notwendigkeit einer guten Ausstattung von Grundschulen mit Lehrkräften wissen die Studierenden vor dem Antritt der Praktikumsstellen.

Im Bereich der Kindertagesstätten muss derzeit von einer chronischen Unterbesetzung ausgegangen werden und auch im Schulbereich wird insbesondere der Aufgabe einer professionellen Bildungsarbeit, die Heterogenität von Schüler*innen als Bildungschance aufzugreifen, nicht umfänglich nachzukommen sein, wenn fachlich gebotene Standards der Besetzung der Klassen mit Lehrkräften nicht gegeben sind. Dies erfordert einen Prozess des gesellschaftlichen Umdenkens im Bereich der Kindheitspädagogik, welcher sich auf die Arbeit im Kindertageseinrichtungs- und im Grundschulbereich bezieht. (Autor:innengruppe Bildungsberichterstattung 2022)

Studierende der Kindheitspädagogik in Esslingen lernen somit, ihre Aufgabe auch politisch zu verstehen, sich verbandlich bzw. gewerkschaftlich zu orientieren und selbständig zu verorten.

Die Studierenden waren auch schon vor ihrem Praxisstart durch einen Prozess der Sensibilisierung gegangen u.a. durch die Auseinandersetzung mit den Kinderrechten und durch Diskussionen zu § 1631 Abs. 2 des Bürgerlichen Gesetzbuches: „Kinder haben ein Recht auf gewaltfreie Erziehung. Körperliche Bestrafungen, seelische Verletzungen und andere entwürdigende Maßnahmen sind unzulässig."

Einige Studierende kamen mit diesen Berichten aus der Praxis zurück:

Bericht 1:

In einer Freispielsituation saßen zwei Fachkräfte mit drei Kindern auf dem Boden, unterhielten sich und hatten jeweils ein Kind auf den Schoß genommen. Das dritte Kind schichtete Bausteine aufeinander. Schließlich fiel sein, mit den Bausteinen errichtetes Gebäude um. Daraufhin sagte eine Fachkraft zur anderen, das Kind sei „auch ein bisschen dumm". Die andere Fachkraft erwiderte „Ja, ganz normal ist der nicht, auch seine Eltern haben einen Knall."

Bericht 2:

Es ist Fasching. Im Gruppenraum läuft Musik und alle Kinder tanzen zusammen. Ein fünfjähriger Junge geht auf eine pädagogische Fachkraft zu, um ihr zu sagen, er habe zu spät gemerkt, dass er auf Toilette muss und sich eingenässt hat. Die pädagogische Fachkraft verdreht die Augen, macht die Musik aus und tadelt ihn vor der Gruppe. Er sei doch alt genug, um rechtzeitig auf Toilette zu gehen. Sogar die Kleinsten in der Gruppe könnten das schon. Nur weil er zu faul sei, auf Toilette zu gehen, müsse sie sich jetzt darum kümmern.

Bericht 3:

Die Fachkraft-Kind-Relation in einer Kindertageseinrichtung ist angespannt, weil für eine vakante Stelle noch keine neue Fachkraft gefunden werden konnte. Das Team beschließt im Blick auf die Kinder mit Behinderung: „Die I-Kinder sollen zuhause bleiben." (mit den ‚I-Kindern' werden hier Kinder mit Behinderung bezeichnet.)

Bericht 4:

Die Essensausgabe in der Schulmensa hat bereits begonnen. Ein Kind kommt anschließend dazu. Da es zu spät angekommen ist, muss es, so bestimmt es die Aufsicht führende Lehrkraft, neben den Tischen stehen bleiben, bis alle Kinder ihr Essen bekommen haben. Erst danach darf es sich dazusetzen.

Bericht 5:

In einem Grundschulhort gibt es panierte Fleischbällchen und Salat zum Mittagessen. Eine Fachkraft spricht ein Kind laut und in scharfem Ton an: „Iss lieber deinen Salat statt so viel fettes Fleisch. Das würde dir nicht schaden."

Bericht 6:

Eine Lehrkraft sagt zu einem Kind, das sich auf eine Aussage seiner Mutter beruft: „Jaja, deine Mama weiß eh immer alles besser, die ist die Schlauste überhaupt."

Es handelt sich hier nicht um Einzelbefunde.

Annedore Prengel (2019) und das Forscher*innen-Team von INTAKT (Soziale Interaktion in pädagogischen Arbeitsfeldern) führten eine umfangreiche Studie durch zum Thema „Pädagogische Beziehungen zwischen Anerkennung, Verletzung und Ambivalenz". Hierzu wurden Beobachtungen in schulischen Kontexten sowie in Kindertageseinrichtungen durchgeführt. Die Auswertung nach einem Ratingsystem ergab im Blick auf den Schulbereich, dass gerade bei Kindern im Grundschulbereich in den beobachteten Situationen weniger sehr anerkennende und leicht anerkennende Interaktion zu verzeichnen und mehr neutrale Interaktion feststellbar waren, als dies in beobachteten Interaktionen von Lehrkräften mit älteren Schüler*innen der Fall war. Der Anteil leicht verletzender und sehr verletzender Interaktionen lag bei allen beobachteten Schulsituationen in dieser Studie insgesamt bei 22 %. Grundschulkinder erfahren von Lehrkräften, so die Studie INTAKT, in gleichem Umfang wie ältere Schüler*innen negative Formen von Interaktion.

Im Jahr 2016 führte die Wochenzeitschrift DIE ZEIT eine Online-Umfrage unter ihren Leserinnen und Lesern zum Thema verletzendes Verhalten in Kindertageseinrichtungen durch. Die Umfrage ist nicht repräsentativ. Immerhin jedoch nahmen 2.278 Personen teil, darunter 244 pädagogische Fachkräfte und 2.034 Eltern. Die Umfrage weist auf Missstände in Kindertageseinrichtungen hin. Die Mehrheit der Befragten gab an, keine Kenntnis von einem Kinderschutzkonzept in der eigenen Einrichtung zu haben und auch nichts über das Vorhandensein eines verbindlichen Verhaltenskodex zu wissen. Dieses Nichtwissen teilten die Eltern mit den Fachkräften. Ca. 60 % der Befragten beklagten strukturelle Missstände wie ständig wechselndes Personal und auch schlecht ausgebildetes Personal. 1.170 Personen kritisierten individuelles Fehlverhalten von pädagogischen Fachkräften. Jörg Maywald (2019, 17 f) erstellt aus den Ergebnissen dieser Umfrage eine Liste mit Häufigkeitsangaben verletzender Verhaltensweisen, denen Kinder in Kindertageseinrichtungen ausgesetzt waren:

- Grober Ton zwischen Mitarbeiterinnen/Mitarbeitern und Kindern (584)
- Kinder bleiben über längere Zeit ohne Aufsicht (372)
- Mangelnde Hilfestellung, wenn Kinder danach fragen (367)
- Kinder werden vor der Gruppe bloßgestellt (318)
- Strafmaßnahmen werden angedroht (257)
- Kinder werden zum Mittagsschlaf gezwungen (245)
- Windeln werden ständig unzureichend gewechselt (216)
- Kinder werden gezwungen aufzuessen (188)
- Mangelnde Getränkeversorgung (182)
- Kinder werden fixiert (der Teller wird beim Essen auf den Latz gestellt; Stühle werden so eng an den Tisch geschoben, dass das Kind sich nicht bewegen kann; Kinder werden festgebunden) (67)
- Körperliche Misshandlungen/Handgreiflichkeiten gegenüber dem Kind (48)
- Unzureichende Möglichkeiten zur individuellen Entwicklung (17)
- Wegschauen bei Gewalt, Konflikt, Verletzung oder Erniedrigung durch andere Kinder (7)
- Weder Arzt noch Eltern werden bei Verletzungen des Kindes informiert bzw. aufgeklärt (4)

In eine ähnliche Richtung weist die qualitativ angelegte Studie von Boll/Remsperger-Kehm (2021) aus dem Bereich der Kindertageseinrichtungen. Das Forscherinnen-Team befragte 58 Proband*innen zu erinnertem verletzenden Verhalten von Fachkräften gegenüber Kindern explizit in Kindertageseinrichtungen. In ihrer Explorationsstudie wurden Formen, Umgangsweisen, Ursachen und Handlungserfordernisse aus der Perspektive angehender pädagogischer Fachkräfte untersucht.

Boll/Remsperger-Kehm (2021) präzisieren den Begriff *verletzendes Verhalten*: Wir verstehen „unter verletzendem Verhalten jede Form und Intensität der Missachtung von Kindern und ihren Rechten (gemäß der UN-Kinderrechtskonvention)" (32). Dies ist eine Definition, der wir uns in diesem Buch anschließen. Gewalt, gewaltförmiges Fehlverhalten, Grenzüberschreitung all diese Begrifflichkeiten verweisen auf einen gemeinsamen Kern. Letztlich geht es um mangelnde Achtung vor der körperlichen und seelischen Integrität einer Person, um die Verletzung des Rechts auf Unversehrtheit. Verletzendes Verhalten pädagogischer Fachkräfte gegenüber den ihnen anvertrauten Kindern steht dem Recht des Kindes auf eine gewaltfreie Erziehung entgegen. Wir verwenden in diesem Buch somit den Begriff des verletzenden Verhaltens als Leitbegriff. Da in der Literatur zum Phänomen des verletzenden Verhaltens unterschiedliche Begriffe verwendet werden, greifen wir die dort vorfindlichen Begrifflichkeiten auf in dem Wissen, dass im Bereich des Pädagogischen ein gemeinsamer Kernbestand vorausgesetzt werden kann.

Boll/Remsperger-Kehm (2021) stellen fest, dass das Gros aller Befragten aus ihrem beruflichen Alltag Beispiele für verletzendes Verhalten von pädagogischen Fachkräften gegenüber Kindern in Kindertageseinrichtungen geben konnten. Lediglich zwei Proband*innen wussten von keinem Vorfall zu berichten. Das Forscherinnen-Team arbeitet an dieser Stelle auch mit dem Gewaltbegriff und unterscheidet zwischen Mikrogewalt, Makrogewalt und Handlungssequenzen, in denen sich eine Spirale der Gewalt als Muster ausprägen konnte. Für jede Form der Gewaltausübung in Kindertageseinrichtungen führen sie Beispiele an:

Beispiel für Mikrogewalt: „… ein Kind sucht vermehrt Nähe bzw. Körperkontakt zu einer Erzieherin, diese lässt den Kontakt aber nicht zu, sondern weist das Kind immer wieder ab oder reagiert einfach nicht auf das Kind." (52) Das Kind soll die Schuhe schließen. „Das Kind fängt an zu weinen. Mag nicht mehr weitermachen. Die Erzieherin meint: Dann bleibst du so lange drin, bis du es kannst. Sie geht weg." (52)

Beispiele für Makrogewalt: Beim Essen haben „Krippenkinder … einen großen Latz an, der zum Teil auf den Tisch gelegt wird, auf diesen wird dann der Teller gestellt, sodass das Kind hier keine Bewegungsfreiheit beim Essen hat. Bewegt sich das Kind doch, fällt der Teller auf den Boden, das Kind wird angeschrien bzw. zurechtgewiesen." (53 f) „Die Kollegin nahm den Jungen am Arm, setzte ihn auf den Stuhl und ‚kippte' diesen Stuhl samt dem Jungen um. Er hat sich nicht körperlich verletzt, man sah ihm aber die Demütigung deutlich an." (54)

Beispiel für Spiralgewalt: „Plötzlich hatte das Kind nach einer Anweisung einen Wutanfall bekommen, der sich so nicht stoppen ließ. Sie wurde sehr körperlich und versuchte die Erzieherin zu beißen und zu kratzen. Im Nachhinein haben alle versucht, sie zu beruhigen und als es nicht klappte, wurde sie auf dem Boden mit voller Kraft ins Büro geschleift." (54)

Insgesamt wussten die befragten 58 Proband*innen von 216 gewaltförmigen Handlungen pädagogischer Fachkräfte in Kindertageseinrichtunge zu berichten. Nach Einschätzung der Forscherinnen Boll/Remsperger-Kehm (2021) handelte es sich in 117 Fällen um Mikrogewalt, in 93 Fällen um Makrogewalt und bei 6 der beschriebenen Fälle musste eine Form der Spiralgewal konstatiert werden.

Mitarbeiter*innen in Kindertageseinrichtungen stellen sich zunehmend der Frage, wie pädagogische Fachkräfte schwerwiegende Gewalt gegen Kinder grundsätzlich erkennen und wie sie dann professionell zum Wohl des Kindes handeln können. Stark im Fokus steht hier die häusliche Gewalt, welche Kinder, die Kindertageseinrichtungen besuchen, daheim erleben müssen. Auch die Gewalt, die

Kinder untereinander in Kindertageseinrichtungen ausüben, wird thematisiert. Auch in Schulen befassen sich Lehrkräfte mit der Frage nach der Gewalt, denen Schüler*innen ausgesetzt sind. Im Fokus stehen zum einen die Gewalt, die Eltern gegenüber Kindern ausüben und zum anderen die Gewalt unter Schüler*innen. Zunehmend bearbeitet wird auch das Thema der sexualisierten Gewalt in Bildungseinrichtungen.

Das Problem gewaltförmiger Handlungen, die pädagogische Fachkräfte in Kindertageseinrichtungen ihrerseits gegenüber den ihnen anvertrauten Kindern ausüben, geriet erst in den letzten Jahren verstärkt in den Blick (Maywald 2019, Maywald/Ballmann 2021, Boll/Remsperger-Kehm 2021 und 2021a).

Im Bereich Schule ist ein ähnlicher Befund zu konstatieren. Das Team um Prengel (2019) leistet hier Pionierarbeit.

Bisher existiert jedoch noch kein Fachbuch, das Praktikantinnen und Praktikanten eine Handreichung bietet, wie sie als Zeuginnen und Zeugen einer gewaltförmigen Handlung von Fach- oder Lehrkräften gegenüber einem Kind in einer Bildungseinrichtung angemessen handeln können. Bereits im Praktikum muss die Handlungsfähigkeit erprobt werden und darf nicht auf eine spätere Berufstätigkeit hin vertagt werden. In diesem Buch, das in einer Teamarbeit zwischen Professorin, Masterabsolventinnen und Studierenden der Kindheitspädagogik entstanden ist, ging es zunächst darum, diese Handreichung insbesondere für angehende Kindheitspädagog*innen, die Praktika u. a. in Kindertageseinrichtungen und Grundschulen absolvieren, zu verfassen. Kindheitspädagog*innen, die schwerpunktmäßig mit Kindern ab Geburt bis zum 10. bzw. 12. Lebensjahr, deren Eltern, Angehörigen in den entsprechenden Bildungsinstitutionen sozialraumorientiert arbeiten, bilden eine Brücke zwischen der Bildungsinstitution Kindertageseinrichtung und der Bildungsinstitution Grundschule, zwischen der Elementarpädagogik und der Primarpädagogik. Sie verfügen am Ende des Studiums über breite Praxiserfahrung in beiden Bereichen. Insofern zeigte sich bei der Erstellung dieses Buches, dass die Empfehlungen und Übungen, die hier angeboten werden, ebenso für angehende Erzieher*innen in einer Fachschule bzw. Fachakademie für Sozialpädagogik und auch für Lehramtsstudierende in ihren Praxisfeldern geeignet sind.

Unser Thema

In diesem Buch stellen wir eine bisher noch wenig systematisch bearbeitete Problematik ins Zentrum. Dies ist unser Thema: ‚Verletzendes Verhalten durch pädagogische Fachkräfte in Kindertageseinrichtungen und Lehrkräfte in Grundschulen erkennen, einschätzen und angemessen handeln – Studierende der Kindheitspädagogik, angehende Erzieher*innen in einer Fachschule bzw. Fachakademie für

Sozialpädagogik und Lehramtsstudierende setzen sich im Praktikum mit dem Recht auf Gewaltfreiheit in Erziehungs- und Bildungsprozessen auseinander'.

Man könnte einwenden, dass Studierende und Fachschüler*innen noch nicht umfassend in der Lage sind, das pädagogische Handeln von pädagogischen Fachkräften bzw. Grundschullehrer*innen angemessen einzuschätzen. Das mag sein. Dennoch sollten Studierende von Anfang ihres Studiums an eine professionelle Reflexionsfähigkeit einüben. Gleiches gilt für Fachschüler*innen der Sozialpädagogik. Im Studium der Kindheitspädagogik eröffnet insbesondere das praktikumsbegleitende Seminar zahlreiche Gelegenheiten für fachliche Reflexionen. Auch im Lehramtsstudium und in der Fachschulbildung müssen in dieser Hinsicht Bildungsgelegenheiten, welche die professionelle Reflexionsfähigkeit fördern, geboten werden.

Außerdem ist es unter ethischen Gesichtspunkten sehr wichtig, dass Studierende der Kindheitspädagogik, Lehramtsstudierende Fachschüler*innen nicht nolens volens zu Bystandern werden, weil es ihnen nicht gelingt, Handlungen, die sie berechtigterweise als Fehlverhalten deuten, zur Sprache zu bringen.

In diesem Buch ist es uns ein Anliegen, die fachliche Wahrnehmungsfähigkeit von Praktikant*innen im Studium zu stärken und sie dabei zu unterstützen, die eigene Wahrnehmung zu reflektieren, den Kindern angemessen zu begegnen und sich auch angemessen gegenüber den möglicherweise grenzüberschreitenden Fach- oder Lehrkräften zu äußern. Auch an Fachschulen muss eine fachliche und ethische Reflexionsfähigkeit der Schülerinnen und Schüler von Anfang an gefördert werden. Mit unserem Buch wollen wir einen Beitrag leisten, damit das Thema ‚Professioneller Umgang mit verletzendem Verhalten durch Fach- und Lehrkräfte gegenüber den ihnen anvertrauten Kindern in den Bildungsinstitutionen Kindertageseinrichtung und Grundschule' breit in der Fachschul- und der Hochschullehre verankert wird. Bereits Praktikantinnen und Praktikanten sollen in die Lage versetzt werden, auch in diesem schwierigen Bereich kompetent zu handeln.

Wir beziehen uns in diesem Buch sowohl auf die Bildungsarbeit in Krippen mit Kindern unter drei Jahren als auch auf die Bildungsarbeit in Kindertageseinrichtungen, die 3–6-jährigen Kindern offenstehen, ebenso auch auf die Bildungsarbeit in Grundschulen.

In Teil I dieses Buches geht es um die theoretische Verortung der Thematik des verletzenden Verhaltens in Bildungsprozessen in Kindertageseinrichtungen sowie im Grundschulbereich.

- In Kapitel 2 wird die Auffassung vertreten, dass jedes Praktikum, welches Studierende der Kindheitspädagogik im Rahmen ihres Studiums absolvieren, eine Bildungschance zur Professionalisierung darstellt. Auch in Fachschulen und Berufsakademien für Sozialpädagogik werden intensive Praktika absolviert, die für die Adressat*innen von Bildungsangeboten zahlreiche Bildungsanlässe bieten.

- In Kapitel 3 wird dafür votiert, das Recht auf Gewaltfreiheit in der Betreuung, Erziehung und Bildung von Kindern konkret im Alltag der Bildungsinstitutionen Kindertageseinrichtung und Grundschule umzusetzen.
- Kapitel 4 widmet sich der Frage, warum verletzendes Verhalten in Betreuungs-, Erziehungs- und Bildungsprozessen immer noch ein Tabu darstellt und was dagegen zu tun wäre.
- In Kapitel 5 geht es darum, verletzendes Verhalten in der Praxis einer Kindertageseinrichtung und einer Grundschule zu erkennen. Hier ist insbesondere der Fokus darauf ausgerichtet, die emotionale Seite dieser Thematik auszuloten. Außerdem werden Ankerbeispiele für anerkennendes, ambivalentes und für verletzendes Verhalten von pädagogischen Fachkräften aus dem Bereich der Kindertageseinrichtungen sowie von Lehrkräften im Schulbereich gegeben. Die Auseinandersetzung mit diesen Ankerbeispielen kann die professionelle Einschätzungsfähigkeit im Blick auf Bildungssituationen in der Praxis steigern.
- In Kapitel 6 werden Möglichkeiten der Prävention und der Intervention bei verletzendem Verhalten in den Bildungsinstitutionen Kindertageseinrichtung und Grundschule aufgezeigt.

Der Teil II gliedert sich in drei Kapitel. Enthalten sind Bildungsimpulse, die Studierende und Fachschüler*innen dabei unterstützen, sich intensiv mit der Thematik auseinanderzusetzen. Im Zentrum steht hier, ein gemeinsames Grundverständnis von einer demokratischen Bildung zu entwickeln, welches die Menschenwürde als primären Wert in den Vordergrund stellt. Hochschullehrende sowie Lehrkräfte an Fachschulen und Berufsakademien können hier Anregungen für ihre Seminare bzw. ihre Unterrichtseinheiten erhalten. Einführend wird stets eine Erläuterung zu den jeweiligen Bildungsimpulsen gegeben.

- Kapitel 8 trägt die Überschrift ‚Theoriewissen vertiefen'. Enthalten sind Bildungsimpulse zum Kompetenzmodell, Gewaltschutzkonzept, Anerkennungsbegriff, Erkennen verletzenden Verhaltens sowie zu thematisch einschlägigen Paragraphen der UN-Kinderrechtskonvention.
- Die Bildungsimpulse in Kapitel 9 unter dem Titel ‚Handlungsmöglichkeiten erproben' bieten durch die Arbeit mit Fallbeispielen eine große Vielfalt an Möglichkeiten, um Handlungsoptionen für Praktikant*innen zu reflektieren und anhand von Rollenspielen auch zu erproben.
- Die abschließenden Bildungsimpulse in Kapitel 10 unter der Überschrift ‚Reflexionsmöglichkeiten' ermöglichen Praktikant*innen, sich intensiv mit dem eigenen Professionsverständnis und einem daraus resultierenden professionellen Habitus auseinanderzusetzen.

- In Kapitel 11, dem Schlusskapitel, werden die wichtigsten Erkenntnisse zusammengefasst und ein Ausblick auf notwendige Weiterentwicklungen in Theorie und Praxis gegeben.

In diesem Buch werden unterschiedliche Formen einer gendergerechten Schreibweise verwendet. Genutzt werden Asterisk, genderneutrale Formulierungen sowie die Nennung der männlichen und der weiblichen Form, in dem Wissen, dass Geschlecht vielfältig gelebt wird und dies folglich auch einen angemessenen sprachlichen Ausdruck finden muss.

Einige Begriffe werden in einfachen Anführungszeichen gesetzt, um den Konstruktionscharakter und Ideologiegehalt hervorzuheben, so beispielsweise bei dem Begriff ‚race', da der Begriff der ‚Rasse' auf Menschen nicht anwendbar ist. Für die hier verhandelte Thematik besonders wichtige Fachbegriffe werden *kursiv* gesetzt.

Teil I

2. Das Praktikum als Bildungschance zur Professionalisierung von Studierenden der Kindheitspädagogik

Kompetenz

Fröhlich-Gildhoff/Weltzien/Kirstein/Pietsch/Rauh (2014) entwickelten 2011 für die Kindheitspädagogik ein weithin beachtetes Kompetenzmodell, das sie 2014 noch detaillierter ausformulierten. Dieses Modell eignet sich ausgesprochen gut als Reflexionsfolie für angehende Professionelle in allen Bildungsbereichen:

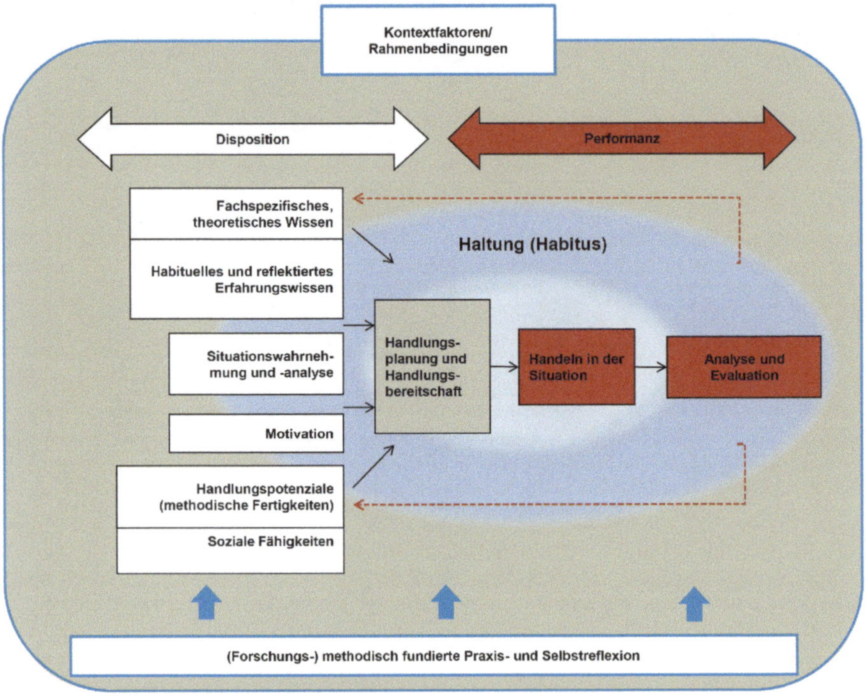

Abbildung 1: Diese Darstellung findet sich in einer optisch ansprechend aufbereiteten Version in FIVE (2014, 10)

Das Autor*innen-Team (Fröhlich-Gildhoff et al. 2014) unterscheidet hier zwischen Kompetenzen, die der Ebene der Disposition zuzuordnen sind, und Kompetenzen, die sich auf der Ebene der Performanz zeigen.

Im Blick auf den Begriff der Disposition führt das Autor*innen-Team (Fröhlich-Gildhoff et al. 2014) aus: „Die Ebene der Disposition von Kompetenz setzt sich zusammen aus fachlich-theoretischen Wissensbeständen, dem habituellen und dem reflektierten Erfahrungswissen sowie den Handlungspotenzialen in

Form von prozeduralem, methodisch-praktischem Wissen (z. B. bezogen auf didaktisches Vorgehen, Diagnostik, Beobachtung, Forschungsmethoden) einerseits und sozialen Fähigkeiten (zentral: Inklusionskompetenz, Perspektivenübernahme und Empathiefähigkeit, Anerkennung/Toleranz, Kritik- und Kompromissfähigkeit) andererseits" (14).

Performanz wird demgegenüber vom Autor*innen-Team (Fröhlich-Gildhoff et al. 2014) als Handlungsbereitschaft, Handlungsplanung und Handlungsrealisierung in konkreten Praxissituationen konzipiert (14).

Zwischen Disposition und Performanz vermitteln, nach Fröhlich-Gildhoff et al. (2014), die professionelle Haltung, der berufliche Habitus von Bildungsfachkräften: „Die professionelle Haltung (grundlegende pädagogische Werte und Einstellungen) stellt dabei ein relativ stabiles, situationsunabhängiges Element dar. Sie liegt im Sinne eines persönlichen, biografischen und berufsbiografisch geprägten Habitus ‚hinter' jedem professionellen Handlungsvollzug." (15)

Diese handlungsleitende Orientierung als Vermittlungsinstanz zwischen Disposition und Performanz lässt sich durch Erweiterung von Fachwissen und Methodenkenntnissen einerseits und durch die Reflexion von Praxis und die Reflexion des eigenen Handelns in der Praxis andererseits modifizieren.

Reflexion

Die Arbeit an der professionellen Haltung wird in diesem Kompetenzmodell zum zentralen Faktor als Ausweis von Fachlichkeit in jedem pädagogischen Tätigkeitsfeld:

> „Eine (forschungs-)methodisch fundierte Reflexions- und Selbstreflexionsfähigkeit ist damit ein wesentlicher Motor professioneller Handlungskompetenz. Sie ist notwendig, um sich der eigenen Biografie und Subjektivität bewusst zu sein, unterschiedliche Perspektiven einnehmen zu können, eine Situation auf der Grundlage von theoretischem Wissen, reflektiertem Erfahrungswissen und Forschungskompetenzen analysieren können. Eine ‚forschende Haltung' im Sinne einer habituell verfügbaren Kompetenz, sich methodisch kontrolliert ‚fremd zu machen' und sich die Struktur und die Bedeutung einer Situation systematisch, von Forschungsfragen geleitet zu erschließen, kann sich nur entwickeln, wenn bereits in der Ausbildung das Konstrukt Kompetenz als etwas verstanden wird, das immer wieder von den professionellen Akteuren selbst hergestellt werden muss. Die Vermittlung von Wissen und methodischen Fähigkeiten und Fertigkeiten reicht nicht aus, um den Herausforderungen einer ‚ungewissen' Praxis autonom und begründet begegnen zu können." (Fröhlich-Gildhoff et al. 2014, 15)

Auch Binder/Stelzmüller/Dohlus (2011) weisen in ihrem Überblick über „Qualifikationsprofile in Arbeitsfeldern der Pädagogik der Kindheit", der sich auch auf das Kompetenzmodell von Fröhlich-Gildhoff und Team in der ersten Fassung bezieht, auf die hohe Bedeutung der Entwicklung einer professionellen Haltung hin, die sich insbesondere in der Fähigkeit zur Selbstreflexion und zur professionellen Reflexion der pädagogischen Handlungspraxis zeigt: „Kompetentes frühpädagogisches Handeln im Arbeitsfeld Tageseinrichtungen für Kinder setzt entsprechend des DQR neben Fachkompetenzen ausgeprägte personale Kompetenzen voraus. In dem von der Expertenrunde zugrunde gelegten Prozessmodell, das sich auf konkrete Handlungssituationen in den verschiedenen Handlungsfeldern bezieht, liegt die professionelle Haltung als kontinuierlich zu entwickelnde Kernkompetenz jeweils hinter den anderen Dimensionen. Die professionelle Haltung bezieht sich einerseits auf ein handlungsleitendes professionelles Rollen- und Selbstverständnis im Sinne eines Habitus, andererseits auf die sich beständig weiterentwickelnde Persönlichkeit der pädagogischen Fachkraft. Die professionelle Haltung wird durch biografische Selbstreflexion sowie durch die Fertigkeit zur systematischen und methodisch fundierten Reflexion pädagogischer Handlungspraxis im Prozess der Ausbildung entwickelt und gefestigt." (49)

Das Autorinnen-Team (Binder et al. 2011, 41) führt hierzu aus:

> „Erst eine durchgängige forschende Herangehensweise an pädagogische Praxis sowie die Fähigkeit zur kontinuierlichen biografischen Selbstreflexion ermöglichen es der Fachkraft, in komplexen Situationen spontan und reflektiert zu handeln, nicht auf ‚Rezeptwissen' zurückzugreifen, nach verschiedenartigen und differenzierten und nicht nach vermeintlich einfachen Lösungen für neue Herausforderungen zu suchen. Das – oft in Sekundenbruchteilen ablaufende – Alltagshandeln ist prinzipiell für eine begleitende bzw. nicht selten nachträgliche Rekonstruktion und (Selbst-) Reflexion zugänglich. Von zentraler Bedeutung ist hier die grundlegende Fähigkeit, sich methodisch fundiert und sicher einen forschenden – verstehenden und erklärenden – Zugang zum frühpädagogischen Praxisfeld und zur eigenen professionellen Praxis zu erschließen."

Für die Ausprägung dieser Kompetenzen wird bereits in der fachschulischen Ausbildung die Basis gelegt. In einem Studium der Kindheitspädagogik wird das Kompetenzspektrum noch einmal stark erweitert, indem Studierende der Kindheitspädagogik erlernen, die Basiskompetenzen in einen Zusammenhang zu stellen zu einer „Arbeit in Unterstützungssystemen [und zu] Wissenschaft und Forschung" (47).

Diese erweiterte Reflexionsfähigkeit auf wissenschaftlichem Niveau macht ein Studium der Kindheitspädagogik im Kern aus. Das Kompetenzmodell, welches für die Kindheitspädagogik entwickelt wurde, bietet eine hervorragende Reflexionsfolie für Professionelle in allen Bildungsbereichen.

Demokratische Bildung

Im Kompetenzmodell nach Fröhlich-Gildhoff/Weltzien/Kirstein/Pietsch/Rauh (2014) ist allerdings die ethische Fundierung noch gering ausgeprägt. Das Wort *Demokratie* kommt in ihrer über 300 Seiten umfassenden Expertise genau einmal vor und zwar lediglich als eine von zahlreichen „Herausforderungen an Einrichtungen und Fachkräfte in der FBBE“ (10).

Hier zeigt sich, dass der Kompetenzbegriff im elementarpädagogischen Bereich und somit auch selbstverständlich in allen anderen Bildungsbereichen einer ethischen Fundierung bedarf (Kölsch-Bunzen/Morys/Knoblauch 2015, Kölsch-Bunzen/Saumweber 2021).

Auszugehen wäre von einem Begriff der *demokratischen Bildung*, der alle Bildungsinstitutionen grundieren sollte. Diese allgemeine Bestimmung schließt die elementarpädagogischen Institutionen der Betreuung, Erziehung und Bildung ebenso mit ein, wie den schulischen Bereich.

In allen Bildungsprozessen ist grundsätzlich vom ethischen Fundament der Menschenwürde auszugehen. Dies ist der grundlegende Wert, von dem aus sich weitere menschenrechtskompatible Werte und Verfahren ableiten und von dem aus sich menschenrechtsinkompatible Wert- oder eben auch Unwert-Vorstellungen und Verfahren kritisieren lassen. Kritikfähig werden somit ungleichheitsgenerierende Dimensionen der Intersektionalität, wie ‚race‘, class, gender, body, age, disability, antisemitism. Demokratische Bildung zielt vor dem Hintergrund der Menschenwürde als primärem Wert auf ein Konzept von Vielfalt, das negative Effekte dieser Dimensionen der Intersektionalität in Bildungsinstitutionen und Gesellschaft aufdeckt und ihnen gezielt entgegenwirkt. Demokratische Bildung zielt vor dem Hintergrund der Menschenwürde als primärem Wert auf ein Konzept von Vielfalt, in dem man, um ein Diktum Adornos (2003) aufzugreifen, „ohne Angst verschieden sein“ (116) kann. Demokratischer Bildung kommt die Aufgabe zu, Bildungsgerechtigkeit zu realisieren.

Der Begriff der Bildungsgerechtigkeit rekurriert auf dem Ansatz der *Befähigungsgerechtigkeit* (Amartya Sen 2000), welcher strukturelle Teilhabeerschwernisse und -chancen sowie individuelle Voraussetzungen der Adressat*innen von Bildungsangeboten gleichermaßen in den Blick nimmt und dabei strukturelle Barrieren gezielt abbaut.

Demokratie ist nun keinesfalls als ein beliebiger Wert unter anderen misszuverstehen. Vielmehr ist es wichtig hervorzuheben, dass es sich bei der Demokratie um das Verfahren schlechthin handelt, welches die Realisierung von Menschenwürde überhaupt erst ermöglicht, indem es auf einen „normativen Raum der

Gründe" (Forst 2011, 120 f), auf ein „Recht auf Rechtfertigung" (Forst 2011, 85) verpflichtet. Demokratische Verfahren sowohl in partizipativ-demokratischen als auch in repräsentativen Formen bilden die Grundlage eines ethisch fundierten Miteinanders in Bildungsorganisationen.

Hierbei wird bewusst von dem Begriff der demokratischen Bildung als Leitbegriff ausgegangen, von dem her Begriffe wie *Spielen*, *Lehren*, *Lernen*, *Ko-Konstruktion*, *Kompetenzerwerb* etc. ihre ethische Ausrichtung erhalten. Bildung bedeutet zum einen, dass *relevante kulturelle Hervorbringungen* (Humboldt 1903) / *epochaltypische Schlüsselprobleme* (Klafki 2007) in den Horizont Sich-Bildender gebracht bzw. dort als *Konstruktionen* (Reich 2002) aufgefunden werden. Es bedeutet außerdem, dass sich Lehrende und Adressat*innen von Bildungsangeboten im Bildungsraum mit diesen relevanten Hervorbringungen/Gegenständen – Texten, Objekten, sozialen Situationen etc. – auseinandersetzen und sie sich zu eigen machen können. In einem ‚Bildungsraum demokratischer Aushandlungsprozesse' entwickeln Lehrende und Adressat*innen von Bildungsangeboten ihre Selbstbestimmungs-, Mitbestimmungs- und Solidaritätsfähigkeit weiter. Demokratie wird so als *Lebensform* erfahrbar. Bei Dewey (2011) heißt es: „Die Demokratie ist mehr als eine Regierungsform; sie ist in erster Linie eine Form des Zusammenlebens, der gemeinsamen und miteinander geteilten Erfahrung." (121) In diesem Sinne können sich Bildungsinstitutionen zugleich als Bildungs- und als gestaltbaren Lebensort entwerfen.

Praktikum

Praktika stellen in besonderer Weise eine Bildungschance zur Professionalisierung dar. Diese Chance gilt es zu nutzen.

Auf der Ebene der Disposition begegnen angehende Professionelle in allen Bildungsbereichen im Praktikum fachspezifischem theoretischem Wissen, habitualisiertem reflektiertem Erfahrungswissen, spezifischen Formen der Situationswahrnehmung und -analyse, unterschiedlichen Motivationen, diversen methodischen Fertigkeiten und sozialen Fähigkeiten. Je nach der Positionierung des jeweiligen Praktikums im Fachschul- bzw. im Studienverlauf bringen Adressat*innen von Bildungsangeboten auch bereits, mehr oder weniger ausgeprägt, fachliche Dispositionen mit.

Auf der Ebene der Performanz begegnet Adressat*innen von Bildungsangeboten konkretes Handeln von pädagogischen Fach- bzw. Lehrkräften und Kindheitspädagog*innen in Bildungsbereichen. Gemäß dem Kompetenzmodell nach Fröhlich-Gildhoff et al. (2014) ist ihnen bewusst, dass dieses Handeln in der Praxis auf der fachlichen Disposition der pädagogischen Mitarbeiter*innen der jeweiligen Bildungseinrichtung beruht, die sich auf die Handlungsplanung und Handlungsbereitschaft bezieht und systematisch vor Ort in eine Analyse und Evaluation mündet.

Das Element der Selbstreflexion und der professionellen Reflexion pädagogischer Handlungspraxis nimmt somit eine entscheidend wichtige Brückenfunktion ein zwischen der Praktikant*innen aufnehmenden Praxis und den Praktikant*innen in die Praxis entsendenden Fachschulen bzw. Hochschulen. Beide Seiten sind zur professionellen Reflexion aufgerufen, um die je eigene Fachlichkeit weiterzuentwickeln. Von einem Praktikum profitieren letztlich beide Seiten, auch wenn ein intensiver Austausch für beide Seiten einen nicht unerheblichen Mehraufwand bedeutet.

Im gemeinsamen Reflexionsprozess gilt es für beide Seiten, sich zu öffnen. Studierende öffnen sich für die konkreten Anforderungen und Belastungen der Praxis und die Praxis öffnet sich gegenüber Prozessen der ‚Befremdung'. Fröhlich-Gildhoff und Team (2014) fordern, „sich methodisch kontrolliert fremd zu machen" (15) und verweisen damit auf eine Notwendigkeit, die sich der pädagogischen Praxis ohnehin stellt, wenn sie sich als professionell versteht. Praktikant*innen aus einem Fachschul- bzw. Hochschulkontext können dieses *Befremden* auf ihrem jeweiligen Kompetenzniveau systematisch fördern.

Die hierbei angestoßenen Bildungsprozesse sind von beiderseitigem Nutzen, sofern sie auf dem ethischen Fundament der Menschenwürde als dem Nukleus der Menschenrechte und auf einem demokratischen Prozedere basieren.

3. Das Recht auf Gewaltfreiheit in der Betreuung, Erziehung und Bildung von Kindern

Der rechtliche Rahmen

Der primäre Wert der Menschenwürde manifestiert sich im Recht. Auf die für Bildungsinstitutionen einschlägigen rechtlichen Grundlagen im internationalen und im nationalen Recht möchten wir hier als Service für Studierende der Kindheitspädagogik, für angehende Erzieher*innen in einer Fachschule bzw. Fachakademie für Sozialpädagogik und für Lehramtsstudierende in kurz zusammengefasster Form hinweisen:

Die UN-Kinderrechtskonvention (UN-KRK) verdeutlicht: Kinder haben Rechte.

- In Artikel 2 UN-KRK Absatz 1 wird die Achtung der Kindesrechte und in Absatz 2 ein Diskriminierungsverbot gefordert:

  > (1) Die Vertragsstaaten achten die in diesem Übereinkommen festgelegten Rechte und gewährleisten sie jedem ihrer Hoheitsgewalt unterstehenden Kind ohne jede Diskriminierung unabhängig von der Rasse, der Hautfarbe, dem Geschlecht, der Sprache, der Religion, der politischen oder sonstigen Anschauung, der nationalen, ethnischen oder sozialen Herkunft, des Vermögens, einer Behinderung, der Geburt oder des sonstigen Status des Kindes, seiner Eltern oder seines Vormunds.
  > (2) Die Vertragsstaaten treffen alle geeigneten Maßnahmen, um sicherzustellen, dass das Kind vor allen Formen der Diskriminierung oder Bestrafung wegen des Status, der Tätigkeiten, der Meinungsäußerungen oder der Weltanschauung seiner Eltern, seines Vormunds oder seiner Familienangehörigen geschützt wird.

- Der Artikel 3 der UN-KRK spricht in Absatz 1 dafür aus: Kinder haben das Recht, dass ihr Wohl bei allen sie betreffenden Maßnahmen grundsätzlich berücksichtigt werden muss.

  > (1) Bei allen Maßnahmen, die Kinder betreffen, gleichviel ob sie von öffentlichen oder privaten Einrichtungen der sozialen Fürsorge, Gerichten, Verwaltungsbehörden oder Gesetzgebungsorganen getroffen werden, ist das Wohl des Kindes ein Gesichtspunkt, der vorrangig zu berücksichtigen ist.

- Artikel 12 UN-KRK legt fest: Kinder haben das Recht, dass ihr Willen gehört und berücksichtigt wird.
- Artikel 19 UN-KRK fordert den Schutz von Kindern vor Gewaltanwendung, Misshandlung und Vernachlässigung.

UN-Behindertenrechtskonvention (UN-BRK)

- Artikel 1 beschreibt den Zweck der UN-BRK. Ferner wird der Personenkreis definiert, dem bisher die allgemeinen Menschenrechte vorenthalten wurden und denen durch die UN-BRK endlich die Menschenrechte zuerkannt werden sollen

  Artikel 1
  Zweck dieses Übereinkommens ist es, den vollen und gleichberechtigten Genuss aller Menschenrechte und Grundfreiheiten durch alle Menschen mit Behinderungen zu fördern, zu schützen und zu gewährleisten und die Achtung der ihnen innewohnenden Würde zu fördern.
  Zu den Menschen mit Behinderungen zählen Menschen, die langfristige körperliche, seelische, geistige oder Sinnesbeeinträchtigungen haben, welche sie in Wechselwirkung mit verschiedenen Barrieren an der vollen, wirksamen und gleichberechtigten Teilhabe an der Gesellschaft hindern können.

- Die UN-BRK bezieht sich in Artikel 7 ausdrücklich auf Kinder mit Behinderungen:

  (1) Die Vertragsstaaten treffen alle erforderlichen Maßnahmen, um zu gewährleisten, dass Kinder mit Behinderungen gleichberechtigt mit anderen Kindern alle Menschenrechte und Grundfreiheiten genießen können.
  (2) Bei allen Maßnahmen, die Kinder mit Behinderungen betreffen, ist das Wohl des Kindes ein Gesichtspunkt, der vorrangig zu berücksichtigen ist.
  (3) Die Vertragsstaaten gewährleisten, dass Kinder mit Behinderungen das Recht haben, ihre Meinung in allen sie berührenden Angelegenheiten gleichberechtigt mit anderen Kindern frei zu äußern, wobei ihre Meinung angemessen und entsprechend ihrem Alter und ihrer Reife berücksichtigt wird, und behinderungsgerechte sowie altersgemäße Hilfe zu erhalten, damit sie dieses Recht verwirklichen können.

- Artikel 24 UN-BRK erklärt zum Thema Bildung:

  (1) Die Vertragsstaaten anerkennen das Recht von Menschen mit Behinderungen auf Bildung. Um dieses Recht ohne Diskriminierung und auf der Grundlage der Chancengleichheit zu verwirklichen, gewährleisten die Vertragsstaaten ein integratives Bildungssystem auf allen Ebenen und lebenslanges Lernen mit dem Ziel,
  a) die menschlichen Möglichkeiten sowie das Bewusstsein der Würde und das Selbstwertgefühl des Menschen voll zur Entfaltung zu bringen und die Achtung vor den Menschenrechten, den Grundfreiheiten und der menschlichen Vielfalt zu stärken;

b) Menschen mit Behinderungen ihre Persönlichkeit, ihre Begabungen und ihre Kreativität sowie ihre geistigen und körperlichen Fähigkeiten voll zur Entfaltung bringen zu lassen;

c) Menschen mit Behinderungen zur wirklichen Teilhabe an einer freien Gesellschaft zu befähigen.

(2) Bei der Verwirklichung dieses Rechts stellen die Vertragsstaaten sicher, dass

a) Menschen mit Behinderungen nicht aufgrund von Behinderung vom allgemeinen Bildungssystem ausgeschlossen werden und dass Kinder mit Behinderungen nicht aufgrund von Behinderung vom unentgeltlichen und obligatorischen Grundschulunterricht oder vom Besuch weiterführender Schulen ausgeschlossen werden ....

(Hier ist anzumerken, dass in dieser offiziellen Übersetzung des von der Bundesregierung unterschriebenen englischsprachigen Gesetzestextes, der Begriff *inclusion, inclusive leider* unfachlich mit *Integration, integrativ* wiedergegeben wird.)

Die EU-Grundrechtecharta legt in Artikel 24 fest: Kinder haben ein Recht auf Schutz, Fürsorge, Wohlergehen und sie haben ein Recht auf Meinungsfreiheit.

Das Grundgesetz der BRD (GG) enthält die Rechte von Kindern noch immer nicht explizit. Aus einer fachlichen pädagogischen Perspektive wäre eine Orientierung an UN-KRK und EU-Grundrechtecharta wünschenswert.

Art. 7 (1) GG: „Das gesamte Schulwesen steht unter der Aufsicht des Staates." Dieses Gesetz begründet nicht nur Aufsichtsrechte des Staates, sondern auch einen umfassenden staatlichen Bildungsauftrag. Landesrecht konkretisiert diesen staatlichen Auftrag. Schulpflicht kann verstanden werden als staatlicher Auftrag, allen Kindern in Deutschland unabhängig von ihrem Aufenthaltsstatus, einen Schulplatz zu garantieren.

Das Bürgerliche Gesetzbuch (BGB) jedoch enthält Bestimmungen, die Kinderrechte fördern:

- § 1631 BGB legt in Absatz 2 fest: Kinder haben ein Recht auf gewaltfreie Erziehung. Körperliche Bestrafung, seelische Verletzungen und andere entwürdigende Maßnahmen sind unzulässig.
- § 1666 BGB nimmt den Staat in die Pflicht geeignete gerichtlichen Maßnahmen gegen die Gefährdung von Kindeswohl zu ergreifen.

Auch **das Strafgesetzbuch** (StGB) enthält Artikel, die insbesondere den Schutz von Kindern stärken:

- § 225 StGB stellt die Misshandlung von Schutzbefohlenen,
- § 171 StGB die Verletzung der Fürsorge- und Erziehungspflicht,
- § 174 StGB sexualisierte Gewalt an Schutzbefohlenen,
- §§ 176, 176a, 176b StGB sexualisierte Gewalt an Kindern,
- § 180 StGB die Förderung sexueller handlangen Minderjähriger
- § 184b StGB die Verbreitung, den Erwerb und Besitz von Kinderpornographie unter Strafe.

Das Kinder- und Jugendhilfegesetz im Sozialgesetzbuch (SGB VIII) festigt Kinderrechte.

- § 1 SGB VIII Absatz 1 sieht vor:

  Jeder junge Mensch hat ein Recht auf Förderung seiner Entwicklung und auf Erziehung zu einer eigenverantwortlichen und gemeinschaftsfähigen Persönlichkeit.

- In § 8a SGB VIII wird der Schutzauftrag bei Kindeswohlgefährdung dargelegt. Zur Gefährdungseinschätzung ist eine „Insofern erfahren Fachkraft beratend hinzuzuziehen".

- § 22 SGB VIII stellt explizit Grundsätze für Tageseinrichtungen für Kinder und Kindertagespflege auf: Sie sollen laut Absatz (1)

  1. die Entwicklung des Kindes zu einer selbstbestimmten, eigenverantwortlichen und gemeinschaftsfähigen Persönlichkeit fördern,
  2. die Erziehung und Bildung in der Familie unterstützen und ergänzen,
  3. den Eltern dabei helfen, Erwerbstätigkeit, Kindererziehung und familiäre Pflege besser miteinander vereinbaren zu können.

  (2) Hierzu sollen sie die Erziehungsberechtigten einbeziehen und mit dem Träger der öffentlichen Jugendhilfe und anderen Personen, Diensten oder Einrichtungen, die bei der Leistungserbringung für das Kind tätig werden, zusammenarbeiten. Sofern Kinder mit und ohne Behinderung gemeinsam gefördert werden, arbeiten die Tageseinrichtungen für Kinder und Kindertagespflege und der Träger der öffentlichen Jugendhilfe mit anderen beteiligten Rehabilitationsträgern zusammen.
  (3) Der Förderungsauftrag umfasst Erziehung, Bildung und Betreuung des Kindes und bezieht sich auf die soziale, emotionale, körperliche und geistige Entwicklung des Kindes. Er schließt die Vermittlung orientierender Werte und Regeln ein. Die Förderung soll sich am Alter und Entwicklungsstand, den sprachlichen und sonstigen

Fähigkeiten, der Lebenssituation sowie den Interessen und Bedürfnissen des einzelnen Kindes orientieren und seine ethnische Herkunft berücksichtigen.
(4) Für die Erfüllung des Förderungsauftrags nach Absatz 3 sollen geeignete Maßnahmen zur Gewährleistung der Qualität der Förderung von Kindern in Tageseinrichtungen und in der Kindertagespflege weiterentwickelt werden.

- In §45 SGB VIII wird die Erlaubnis für den Betrieb einer Einrichtung an Bedingungen geknüpft, die das Wohl des Kindes gewährleisten. In Absatz 2 ist festgelegt:

(2) Die Erlaubnis ist zu erteilen, wenn das Wohl der Kinder und Jugendlichen in der Einrichtung gewährleistet ist. Dies ist in der Regel anzunehmen, wenn
1. der Träger die für den Betrieb der Einrichtung erforderliche Zuverlässigkeit besitzt,
2. die dem Zweck und der Konzeption der Einrichtung entsprechenden räumlichen, fachlichen, wirtschaftlichen und personellen Voraussetzungen für den Betrieb erfüllt sind und durch den Träger gewährleistet werden,
3. die gesellschaftliche und sprachliche Integration und ein gesundheitsförderliches Lebensumfeld in der Einrichtung unterstützt werden sowie die gesundheitliche Vorsorge und die medizinische Betreuung der Kinder und Jugendlichen nicht erschwert werden sowie
4. zur Sicherung der Rechte und des Wohls von Kindern und Jugendlichen in der Einrichtung die Entwicklung, Anwendung und Überprüfung eines Konzepts zum Schutz vor Gewalt, geeignete Verfahren der Selbstvertretung und Beteiligung sowie der Möglichkeit der Beschwerde in persönlichen Angelegenheiten innerhalb und außerhalb der Einrichtung gewährleistet werden.

- §47 SGB VIII sieht eine Meldepflicht von Trägern erlaubnispflichtiger Einrichtungen bei Kindeswohlgefährdung vor.

- §48 SGB VIII bestimmt die Aufsichtspflicht der Behörden gegenüber erlaubnispflichtigen Einrichtungen: Die zuständige Behörde kann dem Träger einer erlaubnispflichtigen Einrichtung die weitere Beschäftigung des Leiters, eines Beschäftigten oder sonstigen Mitarbeiters ganz oder für bestimmte Funktionen oder Tätigkeiten untersagen, wenn Tatsachen die Annahme rechtfertigen, dass er die für seine Tätigkeit erforderliche Eignung nicht besitzt.

- §72a SGB VIII legt die Umstände, die einen Tätigkeitsausschluss von hauptamtlichen, neben- und ehrenamtlich tätigen Personen in der Kinder- und Jugendhilfe notwendig machen, fest.

(1) Die Träger der öffentlichen Jugendhilfe dürfen für die Wahrnehmung der Aufgaben in der Kinder- und Jugendhilfe keine Person beschäftigen oder vermitteln, die rechtskräftig wegen einer Straftat nach den §§ 171, 174 bis 174c, 176 bis 180a, 181a, 182 bis 184 g, 184i, 184j, 184k, 184l, 201a Absatz 3, den §§ 225, 232 bis 233a, 234, 235 oder 236 des Strafgesetzbuchs verurteilt worden ist. Vielmehr gelte es, Führungszeugnisse einzufordern und regelmäßig auf Gültigkeit zu überprüfen.

Eine Frage der Qualität

Rechtliche Vorgaben unterstützen die Durchsetzung von Gewaltfreiheit in Kindertageseinrichtungen und Schulen, die es auf allen Ebenen der Qualität umzusetzen gilt.

Becker-Stoll (2013) erstellte eine Übersicht über die Qualitätsdimensionen in Krippen, in Anlehnung an die Abbildung A-5.4 im 12. Kinder- und Jugendbericht (BMFSFJ 2005, 649). Dieses Qualitätsschema kann für den Elementarbereich insgesamt und in der hier von uns vorgelegten modifizierten Form durchaus auch für den Primarbereich Anwendung finden.

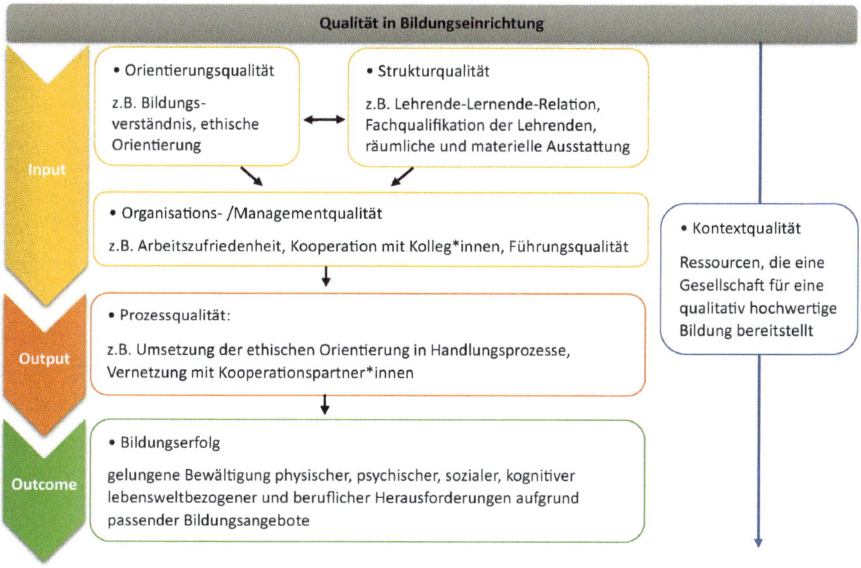

Abbildung 2: Eigene Abbildung in Anlehnung an den 12. Kinder- und Jugendbericht und an die Darstellung von Becker-Stoll (2013), Qualitätsdimensionen in Bildungsreinrichtungen im Elementar- und Primarbereich

Diese Abbildung soll im Folgenden näher erläutert werden:

Kontextqualität:

In dieser Qualitätsdimension zeigt sich, welchen Stellenwert die Betreuung, Erziehung und Bildung von Kindern in Institutionen frühkindlicher Bildung bzw. im Schulbereich einnimmt. Wie hoch ist der Anteil der öffentlichen Bildungsausgaben am Bruttoinlandsprodukt? Wie viel ist eine Gesellschaft bereit, in die Bildung und Ausbildung von pädagogischem Fachpersonal zu investieren? Wird den Bildungsinstitutionen Planungssicherheit gegeben? Ist die Finanzierung der Ausstattung von Bildungsinstitutionen an wissenschaftlich fundierten Qualitätsstandards orientiert? Nicht zuletzt von der positiven Beantwortung dieser Fragen hängt die interne Qualität in Kindertageseinrichtungen und auch in Schulen ab. Die Kontextqualität stellt die Ausgangsbedingungen für die pädagogische Arbeit in Kindertageseinrichtungen und Schulen dar. Die Autor:innengruppe Bildungsberichterstattung (2022) liefert hierfür eine wichtige Kennzahl, die sich nach oben bewegen muss, um aus immer wieder beklagten Missständen im Bildungsbereich herauszukommen: „In Deutschland sind diese Bildungsausgaben gemessen am Bruttoinlandsprodukt niedriger als im internationalen Vergleich. 2018 belief sich der Anteil auf 4,3 % des BIP, im OECD-Durchschnitt waren es 4,9 % und im EU-22-Durchschnitt 4,4 %" (65). Die Kontextqualität ist aber nicht allein bestimmend im Blick auf die Realisierung von Qualität in Bildungsinstitutionen.

Orientierungsqualität:

Die Orientierungsqualität, u.a. in Konzeptionen für Kindertageseinrichtungen bzw. in Leitbildern von Schulen festgelegt, enthält Angaben der jeweiligen Bildungseinrichtung zur ethischen Orientierung. Hier zeigt sich, ob die Ausrichtung an der Menschenwürde und an demokratischen Verfahren für alle Akteur*innengruppen in der Institution eine Bedeutung haben sollen. Es zeigt sich auch, ob in der jeweiligen Einrichtung der Bildungsauftrag einen prominenten Stellenwert einnimmt.

Strukturqualität:

Entscheidungen auf der Ebene der Kontextqualität fließen unmittelbar in die Strukturqualität der jeweiligen Einrichtung ein. Parameter wie Gruppengröße, Klassenstärke, Fachkraft-Kind-Relation, Lehrkraft-Schüler*innen-Relation, Qualifizierungsgrad der Fachkräfte und räumliche und materielle Ausstattung haben einen signifikanten Einfluss auf die Bildungserfolge der Adressat*innen von Bildungsangeboten. Hierfür gibt es sowohl im Bereich der Kindertageseinrichtungen als auch für den schulischen Bereich Kennzahlen.

Organisations- und Managementqualität:

Um Prozessqualität auszuprägen, sind Organisations- und Managementqualitäten gefragt. Hier spielen die Leitungskräfte in Kindertageseinrichtungen und Schulen eine ganz entscheidende Rolle. Die Leitung hat die prinzipiell demokratische, an der Menschenwürde orientierte Ausrichtung aller Prozesse der Einrichtung im Blick, moderiert den Prozess der Abstimmung in Teams und der gerechten Aufgabenteilung unter den Mitarbeiter*innen.

Prozessqualität:

In der Prozessqualität geht es darum, inwiefern die Konzepte und ethischen Orientierungen auch in Handlungsprozessen, insbesondere in Schlüsselsituationen von pädagogischen Fachkräften in der Zusammenarbeit mit Kindern im Rahmen einer Erziehungs- und Bildungspartnerschaft umgesetzt werden. Hier zeigt sich konkret, ob Demokratie als Lebensform realisiert wird. Die Prozessqualität im schulischen Bereich folgt anderen Zielvorgaben und auch hier ist für deren Umsetzung insbesondere die Beziehungsqualität von großer Bedeutung.

Viernickel et al. (2015) legen in einer umfangreichen Studie wissenschaftlich begründete Standards für die Bildungsinstitution der Kindertageseinrichtungen dar. Hierzu werten sie die internationale Studienlage aus. Hierbei zeigte sich, dass in den von Viernickel et al. (2015) untersuchten Studien stets mehrere Merkmale der Strukturqualität miteinander in Beziehung gesetzt werden. Nicht nur ein einziges Strukturmerkmal kann als alleinverantwortlich für die positive Fachkraft-Kind-Interaktionen und eine gute pädagogische Prozessqualität gelten. Vielmehr wirken insbesondere die Strukturmerkmale ‚Personalschlüssel' bzw. ‚Fachkraft-Kind-Relation', ‚Gruppengröße' sowie ‚Qualifikation' und ‚Vergütung der pädagogisch Tätigen' hier zusammen.

Viernickel et al. (2015) führen hinsichtlich der Strukturqualität der Fachkraft-Kind-Relation und dem beruflichen Qualifikationsniveau näher aus: „Die Zusammenhänge zwischen Fachkraft-Kind-Relation und der Interaktionsgestaltung sind besonders stabil in Gruppen mit Kindern unter drei Jahren. Für Kinder unter drei Jahren wirkt sich damit die Fachkraft-Kind-Relation besonders stark auf die täglich erlebte Qualität in der Kindertageseinrichtung aus. Das Verhalten von Kindern wird durch die gegebene Fachkraft-Kind-Relation in mehrfacher Hinsicht beeinflusst. In Gruppen mit einer günstigen Fachkraft-Kind-Relation zeigen Kinder häufiger Anzeichen für emotionales Wohlbefinden, kooperieren mehr mit der Erzieherin/dem Erzieher und sind öfter engagiert und konzentriert im Spiel. Sie zeigen seltener ängstliche und aggressive Verhaltensweisen. Kinder in Gruppen mit einschlägig gut qualifizierten Erzieherinnen und Erziehern zeigen komplexeres Spielverhalten." (50)

Auf der Basis der Aufarbeitung einschlägiger internationaler Studien setzt das Autor*innen-Team Viernickel et al. (2015, 78 f) hinsichtlich der Fachkraft-Kind-Relation folgende wissenschaftlich wohlbegründete Standards:

Alter und Lebenssituation von Kindern	Fachkraft-Kind-Relation
Kinder bis zur Vollendung des 1. Lebensjahres	1:2
Kinder vom 13. Lebensmonat bis zur Vollendung des 3. Lebensjahres	1:4
Kinder von 3 Jahren bis zum Schuleintritt	1:9
Kinder mit Deutsch als Zweitsprache unter 3 Jahren	1:3
Kinder mit Deutsch als Zweitsprache über 3 Jahren	1:6
Kinder mit Förderbedarfen aufgrund einer sozialen Benachteiligung (Armutslage)	1:2
Kinder, die von einer Behinderung betroffen sind oder perspektivisch betroffen sein könnten	1:2

Tabelle 1: Eigene Darstellung in Anlehnung an Viernickel et al. (2015, 78 f), Standards zur Fachkraft-Kind-Relation

Diese Standards zur Fachkraft-Kind-Relation werden bisher nicht eingehalten (Autor:innengruppe Bildungsberichterstattung 2022, 8).

Erschwerend kommt auch noch ein massiver Personalbedarf hinzu, der besonders hart sowohl den Elementarbereich als auch den Grundschulbereich trifft.

Die Autor:innengruppe Bildungsberichterstattung (2022, 323) verweist auf die in Wissenschaft, Politik und Praxis unbestritten hohe Bedeutung des Bildungspersonals für die Gestaltung erfolgreicher Lern- und Bildungsprozesse. Zwar sei in den letzten 2 Jahrzehnten in der allen Bildungsbereichen von Kindertageseinrichtungen über die Tagespflege, an allgemeinbildenden und beruflichen Schulen sowie an Hochschulen personell aufgestockt worden auf 2,6 Millionen Mitarbeiter*innen, welche nun 6% aller Erwerbstätigen in Deutschland ausmachten. Jedoch entspricht diese expansive Entwicklung in Bildungsbereichen den tatsächlichen Bedarfen noch nicht, die sich aus bildungspolitisch herausfordernden Zielsetzungen wie der Umsetzung von Inklusion, der Realisierung des Rechtsanspruchs auf Ganztagsbetreuung sowie der Forderung nach einer sinnvollen Gestaltung der Digitalisierung in Bildungseinrichtungen ergeben. Gerade im Bereich der Frühen Bildung und im Bereich der Grundschule kommt es immer wieder zu massiven Engpässen.

Nach Nordt (2017) bleibt gerade hinsichtlich der von der UN geforderten Umsetzung von Inklusion in Schulen die Lehrkraft-Schüler*innen-Relation deutlich hinter dem wissenschaftlich vielfach belegten Standard zurück. Dies lässt sich verdeutlichen an den Forderungen von Wissenschaftler*innen und Praktiker*innen, die auf eine jahrzehntelange Arbeit im Bereich der Integration/Inklusion zurückblicken können. Immer wieder wird auf die hohe Bedeutung einer ausreichenden

Besetzung hingewiesen. Diese kann durch das Zwei-Pädagog*innen-Prinzip realisiert werden oder durch andere entsprechend qualitativ hochwertige Formen der Kooperation.

Dabei, so Preuß (2018), fördere gerade eine positive Inklusionsentwicklung in Schulen den Prozess der Professionalisierung von Lehrpersonen zum Wohle aller Adressat*innen schulischer Bildungsangebote: „An diesen Prozess der Professionalisierung ist auch eine veränderte Rolle der Lehrkräfte gekoppelt, die möglicherweise an ihrem professionellen Selbstverständnis rüttelt oder zu einem Gefühl von Überforderung führt. Umso bedeutender ist die Kooperation als ein Merkmal guter inklusiver Schulen, insbesondere die von Lehrkräften der allgemeinen Schule und Lehrkräften für Sonderpädagogik … Eine ‚ausgeprägte Kooperation' auf der Ebene der Lehrkräfte … ist hier jedoch mehr als nur eine Doppelbesetzung und sollte strukturell in die Unterrichts- und Schulentwicklung eingebettet sein … Entscheidend und förderlich für Inklusion/inklusive Kooperation ist die Praktizierung gleichberechtigter Rollen – wobei in dieser Konstellation die Haltung der jeweiligen Regelschullehrkraft eine große Rolle spielt … Sonderpädagogische Lehrkräfte nehmen eine Schlüsselrolle in der Professionalisierung ihrer Kolleginnen und Kollegen ein … (Selbst) Professionalisierung auf der Ebene der Lehrkräfte ist somit stets im Zusammenhang eines multiprofessionellen Zusammenhandelns zu sehen: Eine qualitative inklusive Bildung benötigt die seit Jahren angestrebte Abkehr vom Einzelkämpfertum …, praktizierende Teamarbeit, die Vernetzung nach außen und die Vorstellung, inklusive Schule könne nicht durch Einzelne allein geleistet werden … Auf diese Weise ließe sich das Problem reduzieren, dass Schulentwicklung unter chronischem Zeitdruck steht und die Belastung der Lehrkräfte durch und im Unterricht zunimmt … Durch Kooperation und multiprofessionelle Zusammenarbeit sind Entlastungen möglich. Hiervon profitiert auch die Schulentwicklung, die ohne ‚Zeitgefäße' wie Austausch, Kooperation und gemeinsame Planung nicht möglich ist …" (97)

Die Rahmenbedingungen zur Umsetzung des Menschenrechts auf Inklusion, wie es in der UN-Behindertenrechtskonvention festgelegt ist, sind demnach bisher nicht gegeben.

Hierzu stellt die Autor:innengruppe Bildungsberichterstattung (2022) fest: „Inklusive Beschulung von Kindern und Jugendlichen mit Behinderung oder Beeinträchtigung findet in den Ländern unter unterschiedlichen Rahmenbedingungen statt, mit denen die verschiedenartigen Entwicklungen im Zusammenhang stehen dürften. Der Rechtsanspruch auf gemeinsame Beschulung stellt eine wichtige Voraussetzung für den diskriminierungsfreien Zugang zu inklusiver Bildung dar. Zum gegenwärtigen Zeitpunkt – über ein Jahrzehnt nach der Ratifizierung der UN-Behindertenrechtskonvention durch Bund und Länder – wird behinderten oder beeinträchtigten Schüler:innen nur in Bremen und Hamburg ein uneingeschränktes Recht auf gemeinsame Beschulung eingeräumt … In etwas mehr als der Hälfte der Länder ist der Vorrang einer inklusiven Beschulung zwar gesetzlich vorgesehen, jedoch vorbehaltlich der finanziellen oder räumlichen Kapazitäten der Einzelschule oder durch sonstige Vorbehalte wie die Kindeswohlgefährdung eingeschränkt … In Baden-Württemberg, Bayern, Rheinland-Pfalz, Sachsen und Sachsen-Anhalt haben Schüler:innen mit Behinderungen oder Beeinträchtigungen grundsätzlich zwar Zugang zu Regelschulen, in keinem der Länder hat jedoch der explizite Vorrang gemeinsamer Beschulung in Novellierungen der Schulgesetze im Verlauf des letzten Jahrzehnts Eingang gefunden … Dies spiegelt sich auch in der Verteilung von sonderpädagogisch geförderten Schüler:innen auf Förder- und allgemeine Schulen wider und weist auf einigen Nachholbedarf bei der Schaffung von Rahmenbedingungen für ein inklusionsorientiertes Schulwesen hin." (129)

Die Verbesserung der Lehrkraft-Schüler*innen-Relation würde auch insgesamt die Möglichkeit an Schulen steigern, auf die zunehmende Heterogenität Lernender fachlich angemessen in Bildungsprozessen eingehen zu können.

Die Fachkraft-Kind-Relation bzw. die Lehrkraft-Schüler*innen-Relation ist ein wichtiges Merkmal der Strukturqualität. Jedoch determiniert es die Gesamtqualität nicht vollständig.

So weiß man aus Studien, dass die Höhe der Qualifikation der pädagogischen Fachkräfte sowie der Leitungskräfte ebenfalls eine wichtige Funktion hinsichtlich der Entfaltung der Gesamtqualität von Kindertageseinrichtungen einnehmen. Viernickel et al. (2015, 78 f) resümieren: „Internationale Studien zeigen, dass eine höhere Qualifikation der Einrichtungsleitungen wie auch der pädagogisch Tätigen mit einer höheren pädagogischen Qualität einhergeht." (238) Dies ist ein sehr wichtiger Befund für die Kindheitspädagogik, die im Studium u. a. auch auf die Entwicklung von Leitungskompetenz in Kindertageseinrichtungen abzielt.

Dies gilt auch für den Schulbereich und führte seit 2004 zu einer Qualitätsoffensive im schulischen Bereich: „Nach dem schlechten Abschneiden deutscher Schüler:innen bei den großen Schulleistungsuntersuchungen Anfang der 2000er-Jahre rückten neben anderen Handlungsfeldern zur qualitativen Verbesserung des Schulwesens auch die Lehramtsausbildungen verstärkt in den Blick … Die Absolvent:innen des Lehramtsstudiums sollen in den 4 Kompetenzbereichen Unterrichten, Erziehen, Beurteilen und Innovieren Kenntnisse der einschlägigen Theorien und Methoden erwerben und diese im Rahmen der Gestaltung von Lehr-Lern-Prozessen anwenden können." (Autor:innengruppe Bildungsberichterstattung 2022, 271 f)

Für das Leitungshandeln sowohl in Bildungseinrichtungen wie Kindertageseinrichtungen und Grundschulen, so der Aktionsrat Bildung (2021), gilt: „Das primäre allgemeine Ziel der Führung von Bildungseinrichtungen liegt also zumeist darin, mit den vorhandenen Ressourcen möglichst viel für die Bildungsempfängerinnen und -empfänger zu erreichen. Darüber hinaus kann es auch zur Führungsaufgabe von Bildungseinrichtungen gehören, darauf hinzuarbeiten, dass die Mittel, die von staatlicher oder anderer Seite bereitgestellt werden, erhöht werden.“ (22)

Eine Steigerung der Organisations- und Managementqualität wird jedoch nicht kostenneutral zu machen sein. Der Aktionsrat Bildung (2021) fordert insofern für den gesamten Bildungsbereich Maßnahmen der Verbesserung der Qualität von Leitungshandeln im Sinne einer „Steigerung der Attraktivität von Führungspositionen“ durch:

- „Umfassende Vorbereitung auf und Qualifizierung für Führungsaufgaben
- Stärkung der indirekten Führung (‚Führung durch Strukturen‘)
- Verbesserung der finanziellen Anreize für die Übernahme von Führungsaufgaben
- Verringerung der pädagogischen und administrativen Arbeitsbelastung“ (17 f)

Die Kindheitspädagogik erweist sich in der Bildungslandschaft nicht zuletzt aufgrund ihrer Brückenfunktion von der Elementarpädagogik zur Primarpädagogik als innovativ. Kindheitspädagog*innen leisten ihren Beitrag zu einer qualitativ hochwertigen Bildungsarbeit: Kindheitspädagog*innen sind auf allen Ebenen der Bildungsarbeit in Kindertageseinrichtungen tätig, auf der Ebene der pädagogischen Fachkräfte, der Gruppenleitung, der Fachberatung, auf Leitungs- und auch auf Trägerebene. Auch in der Elternbildung und -beratung übernehmen sie Verantwortung. Sie werden eingestellt für die Durchführung von Qualifizierungsmaßnahmen in der Tagespflege, für Tätigkeiten in der Fort- und Weiterbildung. Im Schulbereich ist das Arbeitsfeld für Kindheitspädagog*innen noch im Aufbau begriffen. Kindheitspädagog*innen sind bereits in der Schulsozialarbeit tätig. Denkbar wäre auch, dass sie einen hohen Stellenwert in der Ganztagsbildung einnehmen. Dies wäre ein dringendes Desiderat.

Die Autor:innengruppe Bildungsberichterstattung (2022, 304) sieht gerade im Bereich der Ganztagsbildung einen deutlichen fachlichen Gestaltungsbedarf. Beklagt wird in diesem Bereich insgesamt eine diffuse, heterogene Angebotspalette von Ganztagsangeboten in unterschiedlichsten Trägerschaften, ohne einheitliche pädagogische Zielformulierungen und ohne verbindliche Standards. Sie fordert als Grundlage für eine rationale Planung und Gestaltung ganztägiger Angebote eine deutlichere Explikation der bildungspolitischen Zielsetzungen sowie Forschung an Modellprojekten.

An der Weiterentwicklung von Inklusion an Schulen im Unterricht und in der Ganztagsbildung könnten Kindheitspädagog*innen sich maßgeblich beteiligen. Kindheitspädagog*innen zeigen bereits im Elementarbereich Inklusionskompetenz. Somit könnten sie auch dazu beitragen, die Forderung nach dem Zwei-Pädagog*innen-Prinzip im Schulbereich mit zu unterstützen.

Kindheitspädagog*innen könnten somit einen substanziellen Beitrag leisten zu einem professionellen pädagogischen Umgang mit Heterogenität Lernender im Schulbereich.

Die Site des Ministeriums für Kultus, Jugend und Sport BW (2023) führt aus: „Das Zwei-Pädagogen-Prinzip steht für die Zusammenarbeit einer allgemeinen und einer sonderpädagogischen Lehrkraft in einem inklusiven Bildungsangebot. Dies wird vornehmlich beim zieldifferenten Unterricht für die überwiegende Dauer des Unterrichts angestrebt." Kindheitspädagog*innen hier mit einzubeziehen könnte zum einen eine Ergänzung im Blick auf die Ganztagsbildung darstellen. Zum anderen könnten Kindheitspädagog*innen eine fachlich versierte, inklusiv und insgesamt auf die Heterogenität der Adressat*innen von Bildungsangeboten ausgerichtete Brückenfunktion zwischen Unterricht und Ganztagsbildung wahrnehmen.

Dass Absolvent*innen in einem breiten Aufgabenspektrum Expertise entwickeln, ist das Ziel eines Studiums der Kindheitspädagogik.

Es ist ein hoher Anspruch, der sich mit der Qualifikation akademisch gebildeter Kindheitspädagog*innen verbindet. Die Bundesarbeitsgemeinschaft Bildung und Erziehung in der Kindheit e. V. verabschiedete den „Qualifikationsrahmen für BA-Studiengänge der Kindheitspädagogik/Bildung und Erziehung in der Kindheit" (BAG-BEK 2009), indem herausgestellt wird, was die Akademisierung im Bereich der Kindheitspädagogik ausmacht.

Als unverzichtbare Kernelemente von Bachelorstudiengängen „Kindheitspädagogik"/„Bildung und Erziehung in der Kindheit" gelten (BAG-BEK 2009):

1. Grundlagen der Kindheitspädagogik

- Erziehungs- und bildungswissenschaftliche sowie entwicklungspsychologische, sozialwissenschaftliche und historische Grundlagen
- Wissenschaftliches Denken und Arbeiten
- Ausdrucksformen von Kindern, Entwicklung, Lernen, Spiel, pädagogische Interaktion
- Bildungspläne für Kindertageseinrichtungen und Grundschulen in ihren pädagogischen Implikationen (z. B. Bildungsverständnis, Bild vom Kind, Bildungsbereiche)
- Pädagogische Methoden der Beobachtung, Dokumentation und Bildungsplanung
- Zusammenarbeit mit Eltern
- Sozialräumliche Vernetzung

2. Gesellschaftliche, politische und rechtliche Bedingungen von Bildung, Erziehung und Betreuung in der Kindheit
- Sozialwissenschaftliche Theorie und Empirie zu ausgewählten Themen (z. B. Armut, Migration, ...)
- Sozial- und Bildungssysteme und ihre Steuerung (z. B. durch Bildungspläne)
- Rechtliche Bedingungen (z. B. Kinderrechte, Familienrecht, Bildungsrecht, Migrationsrecht, ...)

3. Institutionelle Rahmenbedingungen
- Organisation
- Träger- und Institutionsstrukturen
- Finanzierung
- Struktur und Verortung im Gemeinwesen
- Management und Qualitätsentwicklung

4. Empirische Forschungsmethoden als Grundlage z. B. der Beobachtung, Evaluation und Qualitätsentwicklung
- Ausbildung von Kompetenzen des wissenschaftlichen Arbeitens und Forschens, die damit verbundene Einübung einer professionellen Grundhaltung forschenden Lernens und Arbeitens
- qualitative und quantitative Forschungsmethoden
- Praxisforschung
- Evaluationsforschung

5. Studienrichtungen und Studienschwerpunkte

Hier werden die Schwerpunkte der jeweiligen Studiengänge entsprechend ihres hochschulindividuellen Profils verortet.

6. Professionelles Selbstverständnis und professionelle Handlungskompetenzen in Arbeitsfeldern der Kindheitspädagogik in Verbindung von Theorie und Praxis, z. B.
- Haltung, Selbstreflexion und -evaluation
- Professionelle Gestaltung der Beziehungen mit Kindern und Familien
- Inklusive-, Gender- und Diversity-Pädagogik
- Gesprächsführung

Hieraus läßt sich unserer Ansicht nach ableiten: Absolvent*innen von Studiengängen der Kindheitspädagogik können und sollen aufgrund des im Studium Erarbeiteten auf allen Ebenen aktiv werden als kindheitspädagogische Fachkräfte, als Leitungskräfte, Fachberater*innen, in Behörden, Verbänden, Trägerstrukturen und selbstverständlich auch als Lehrbeauftragte und Professor*innen an Hochschulen. Sie können und sollen sowohl nach innen in die Kindertageseinrichtungen hineinwirken als Kindheitspädagog*innen vor Ort sowie in Leitungsfunktion, um die nach wissenschaftlichen Standards gebotenen pädagogisch Qualität zu realisieren. Auch in Grundschulen können Kindheitspädagog*innen sich professionell einbringen in der Schulsozialarbeit, in einer inklusiven, auf die Heterogenität der Adressat*innen von Bildungsangeboten ausgerichteten Ganztagsbildung mit Brückefunktion zum Unterricht. Sie können und sollen aus den jeweiligen Bildungsinstitutionen heraus auch nach außen Wirkung entfalten in kommunalen, bundeslandbezogenen, nationalen und internationalen Kontexten. Sie können und sollen einwirken auf Trägerstrukturen. Sie können und sollen sich vernetzen mit Berufsverbänden, beruflichen Interessenverbänden, mit Gewerkschaften. Sie können und sollen bewusst Einfluss nehmen auf politische Entscheidungen, die das Fachgebiet der Kindheitspädagogik unmittelbar oder auch mittelbar betreffen. Hierbei ist die ethische Grundorientierung nach innen und nach außen stets auf die Realisierung von Menschenwürde hin ausgerichtet und bedient sich demokratischer Verfahren.

Ebenso sollen angehenden Erzieher*innen in der Fachschule bzw. Fachakademie für Sozialpädagogik und ebenso auch Lehramtsstudierende an ihren Ausbildungsstätten bzw. in ihren Studiengängen ermutigt und befähigt werden, positiv auf die Kontext-, Orientierungs-, Struktur-, Prozess-, Organisations- bzw. Organisations- und Managementqualität in den jeweiligen Bildungsinstitutionen, in denen sie beruflich tätig werden, im Rahmen einer demokratischen Gesellschaft Einfluss nehmen zu können.

Belastungen

Immer wieder und auf allen Ebenen politischer Entscheidungsfindungen ist zu verdeutlichen, dass Belastungsfaktoren, die auf pädagogische Fachkräfte in Kindertageseinrichtungen und auf Lehrkräfte einwirken, einen negativen Einfluss auf die pädagogische Qualität der Arbeit haben.

Nürnberg (2018) fasst die Ergebnisse von Studien zusammen, die sich mit Belastungsfaktoren im Feld der Kindertageseinrichtungen auseinandergesetzt haben. Sie unterscheidet folgende Faktoren, die als Belastungen bei den pädagogischen Fachkräften in Kindertageseinrichtungen ankommen:

Belastungsfaktoren und exemplarische Herausforderungen
Physikalische Bedingungen
• Bausubstanz • Ausstattung mit Möbeln • mangelhafte Schallschutzmaßnahmen
Organisatorische Bedingungen
• Personalmangel • mangelnde Rückzugs- und Entspannungsmöglichkeiten • Gruppengröße
Merkmale der Arbeitsaufgabe
• Zeitdruck • Diskrepanz zwischen benötigter und vorhandener Zeit für gute pädagogische Arbeit • Arbeitsdichte • Körperhaltung • Dauerpräsenz • Stressbelastung • dem wissenschaftlichen Bedarf einer verbesserte Fachkraft-Kind-Relation bei Kindern in Armutslagen, mit DaZ, gesundheitlichen Beeiträchtigungen bzw. Behinderung wird nicht ensprochen
Soziale Bedingungen
• Erziehungs- und Bildungspartnerschaft mit Eltern
Gesellschaftliche Faktoren
• Entlohnung • gesellschaftliche Anerkennung

Tabelle 2: Eigene Darstellung in Anlehung an Nürnberg (2018), exemplarische Belastungsfaktoren

Diese Belastungsfaktoren, die sich auf pädagogische Fachkräfte in Kindertageseinrichtungen negativ auswirken, müssen dorthin adressiert werden, wo sie verursacht werden und wo sie in einer demokratisch verfassten Gesellschaft auch behoben werden können. Eine Gesellschaft, die nicht bereit ist, ausreichend in frühkindliche Bildung zu investieren, wird ihrer Aufgabe nicht umfänglich gerecht. Eine Politik, die angesichts der Erfordernisse an die frühkindliche Bildung nicht die notwendigen Ressourcen zur Verfügung stellt, wird ihrer Aufgabe nicht umfänglich gerecht. Keinesfalls darf dies auf die Kinder übertragen werden. In der Fachliteratur fungieren nicht selten Kinder per se immer noch als Belastungsfakoren. Auch die Arbeit von Nürnberger (2018, 16) ist nicht frei davon, wenn sie als Belastungsfaktoren diese Formulierungen aus der Literatur unkommentiert übernimmt: „Verhaltensstörungen bei Kindern“, „deutliche Disziplinprobleme, erhöhter Betreuungsbedarf, Verhaltensauffälligkeiten“, „Stressbelastung der Kinder“, „die Sorge, der Arbeit mit Kindern mit Fluchterfahrung nicht gewachsen zu sein“.

Mit heterogenen Adressat*innen von Bildungsangeboten darf in jeglicher Bildungsarbeit zu rechnen sein. Dies stellt keine Belastung per se dar, sondern ist eine Ausgangsbedingung in partizipativen und inklusiven Bildungssettings. Sie könnten jedoch unfachlich als Belastung empfunden werden, wenn die entsprechenden

Rahmenbedingungen nur eingeschränkt zu Verfügung stehen. Hier soll also immer wieder das Verursachungsprinzip zur Anwendung kommen, damit die wissenschaftlich und fachlich fundierte Beschwerde dort ankommt, wohin sie gehört. Auch die hier verwendete Formulierung der „Sorge" (Nürnberger 2018, 16) muss hinterfragt werden, ob hierbei nicht primär die eigene Entlastung und nicht das Wohl des Kindes im Fokus stehen könnte. Eine berechtigte Sorge um das Wohl eines Kindes zeigt sich dadurch, dass sich die daraus abgeleiteten Maßnahmen keinesfalls gegen das Kind richten. Eine berechtigte Sorge zeichnet sich dadurch aus, dass die in der Pflicht stehenden Personen und Institutionen in die Verantwortung genommen werden.

Hier gilt es also, sich aktiv auf allen Ebenen in gesellschaftliche Diskurse einzubringen, kontinuierlich über den Sachstand zu informieren und die politischen Entscheidungsträger*innen in die Verantwortung zu nehmen. Dies ist eine Aufgabe, die sich allen Erzieher*innen und Kindheitspädagog*innen stellt, die sie selbstverständlich je nach Lebensituation mit unterschiedlichem Zeit- und Kraftaufwand ausfüllen können. Es sollte jedoch außerfrage stehen, dass dies eine wichtige Aufgabe für Erzieher*innen und für Kindheitspädagog*innen darstellt. Die hierzu notwendigen Kompetenzen und Fähigkeiten sind insofern in den Unterricht an Fachschule bzw. Fachakademie für Sozialpädagogik sowie vertiefend im Studium der Kindheitspädagogik bewusst in Lehr-Lern-Formate der Hochschulbildung miteinzubeziehen.

Zufriedenheitsfaktoren

Den Belastungsfaktoren stehen Zufriedenheitsfaktoren gegenüber. Nürnberger (2018) wird in ihrer Literaturrecherche nach einschlägigen Studien hierzu insbesondere auf diesen Faktorenebenen fündig:

Zufriedenheitssteigernde Faktoren (exemplarisch)
Merkmale der Arbeitsaufgabe
• Art und Inhalt der Tätigkeit • wenig Monotonie • selten Routinearbeit • die eigene Arbeit selbst planen • Möglichkeit, die eigenen Fähigkeiten einzubringen • Möglichkeit zu lernen • Weiterbildung
Soziale Bedingungen
• positives Arbeitsklima • positives Betriebsklima • sich am Arbeitsplatz als Gemeinschaft erleben • Unterstützung durch Team und Vorgesetzte

Tabelle 3: Eigene Darstellung in Anlehung an Nürnberg (2018), exemplarische zufriedenheitssteigernde Faktoren

Dieser Befund legt den Schluss nahe, dass pädagogischen Fachkräften bzw. Kindheitspädagog*innen bereits vor Ort ein Coping von Belastungsfaktoren gelingen kann. Sie machen sich die positiven Aspekte ihrer Aufgaben bewusst und sorgen für positive soziale Bedingungen am Arbeitsplatz.

Deutlich wird in der Studie von Viernickel et al. (2015), dass hierzu die Einrichtungsleitung einen nicht unerheblichen Beitrag leisten kann: „Die Kita-Leitung ist Impulsgeber und Katalysator für die Übersetzung pädagogischer Ideen und Orientierungen in Haltungen und pädagogische Angebote. Sie ist verantwortlich für die Steuerung der Ressourcen mit dem Ziel, eine möglichst hohe pädagogische Qualität zu erreichen." (238) Positives Leitungshandeln im Sinne einer hohen Organisations- und Managementqualität im Zusammenwirken mit dem Fachkräfteteam nimmt, so Viernickel et al. (2015), positiv Einfluss auf Bildungsprozesse von Kindern: „Eine hohe Qualifikation und pädagogisch versiertes, souveränes, teamorientiertes Leitungshandeln haben sich in Kindertageseinrichtungen als erfolgreich im Sinne einer überdurchschnittlichen positiven Entwicklung der Kinder herausgestellt." (240)

Belastungs- und Zufriedenheitsfaktoren lassen sich auch im Schulbereich verzeichnen. Die Autor:innengruppe Bildungsberichterstattung (2022) legt dar: „Mit einem hohen Maß an Beschäftigungssicherheit für einen Großteil der Lehrkräfte und einer auch im internationalen Vergleich überdurchschnittlichen Entlohnung lassen sich grundsätzlich gute Voraussetzungen für eine Tätigkeit im Schulbetrieb konstatieren. Neben ökonomischen Faktoren sind jedoch auch die realen Bedingungen im alltäglichen Handeln eine entscheidende Größe für die Attraktivität von Berufen. Bei der Befragung des Verbandes Bildung und Erziehung (2016) geben zwar nahezu alle befragten Lehrer:innen an, gerne (52 %) oder sehr gerne (39 %) zur Arbeit zu gehen, jedoch würde knapp ein Drittel (28 %) jungen Menschen abraten, den Beruf zu ergreifen. Als häufigste Gründe hierfür werden die zu hohen Anforderungen und die Belastung (33 %), die negative Entwicklung der politischen Rahmenbedingungen (20 %) sowie das geringe gesellschaftliche Ansehen des Berufes (18 %) angeführt. Als zentraler Belastungsgrund wird von den befragten Lehrkräften mit Abstand am häufigsten die mangelnde Beachtung des Schulalltags bei politischen Entscheidungen benannt. Aber auch die Notwendigkeit, heterogene Klassen alleine zu unterrichten, und die als unrealistisch eingeschätzte Berechnung der Arbeitszeit für außerunterrichtliche Aufgaben werden als Bürde empfunden." (317)

Mit der Studie von Schölles, R./Schönwälder, H.-G./Tiesler, G./Zachau, H. (2020) wurde gezielt die Situation von Lehrkräften an Grundschulen untersucht. Hierbei wurden ganze Lehrer*innen-Kollegien befragt. Die Studie weist Befunde auf, die der Untersuchung von Nürnberger (2018) nicht unähnlich sind. So konstatieren die Wissenschaftler*innen (2020): „Die Befragung der Kollegien weist eine hohe Belastungswahrnehmung in der Breite der Aufgaben aus. Damit findet die subjektive Belastungswahrnehmung ihre Entsprechung zu den Ergebnissen der Prüfung, ob die den Lehrerinnen gestellten Aufgaben in der dafür von den Dienstherren zur Verfügung gestellten und bezahlten Zeit zu schaffen ist. Die Arbeit ist objektiv nicht zu schaffen und führt deswegen zu subjektiver Überlastung." (8) Zugleich gilt auch, so Schölles et al. (2020): „Die Befragung zeigt eine ausgesprochen hohe Motivation der Kollegien zur Arbeit mit den Schülern. Gute kollegiale Zusammenarbeit und ein großer Gestaltungsspielraum sind ganz wichtige Bausteine für eine engagierte pädagogische Arbeit." (8)

Schölles et al. (2020) bringen die Kernforderung aus den befragten Grundschul-Kollegien eindrücklich auf den Punkt: „Die Kollegien formulieren bei den offenen Antworten zu der Frage, worum sie sich stärker kümmern müssten, eindeutig, dass sie sich mehr um die Kinder …, den Unterricht und deutlich schwächer um die Organisation kümmern müssten. Sie signalisieren damit, dass sie den eigentlichen Schwerpunkt in ihrer Arbeit als extrem defizitär wahrnehmen und somit einem Gefühl der latent verletzten Pflicht gegenüber den Schülern ausgesetzt sind." (8 f)

Eindeutig ist eine gesteigerte Kontextqualität gefordert, aber auch die anderen Formen der Qualitäten wie Orientierungs-, Struktur-, Prozess-, Organisations- und Managementqualität sind weiterzuentwickeln, um Bildung im vollgültigen Sinne zu ermöglichen.

Bildung, Erziehung und Betreuung

Die Achtung der Menschenwürde ist der primäre Wert in Kindertageseinrichtungen und Schulen. Dieser Wert gilt für alle Akteur*innen. Das Prozedere, das geeignet ist, diesen Wert zu realisieren, ist ein demokratisches. Bei den Kindern vor Ort kommen Menschenwürde und Demokratie nur an, wenn sie die Grundlage aller Bildungsprozesse in Kindertageseinrichtungen und Schulen darstellen.

Demokratische Bildung ist mehr als Lernen. Beim Lernen lässt sich eine „Veränderung der Stärke der synaptischen Verbindungen zwischen Nervenzellen" (Spitzer 2007, 94) nachweisen. Ob das Lernen jedoch Freude macht, ob es intrinsisch motiviert oder erzwungen wird, ist hiermit noch nicht entschieden.

Die Kindheitspädagogik geht vom kompetenten Kind aus, welches sich aktiv die Welt aneignet (vgl. Dornes 1993). Diese Aneignung von Welt kann, so Liegle (2006), als eine „geistige Selbsttätigkeit" verstanden werden, „durch welche sich das Subjekt in ein Verhältnis setzt zur Welt der Dinge und Personen und so zu einer inneren Repräsentation der Welt und seines Verhältnisses zur Welt gelangt" (94).

Dieser geglückte Augenblick und dieses gelungene Bildungsmoment können bei Lernenden und auch bei den sie begleitenden Lehrenden Freude und Wohlbefinden auslösen.

W. v. Humboldt (1903) beschreibt ein Sich-fremd-Fühlen des Menschen in der Welt, weil sie ihm oft unverständlich erscheint, als eine menschliche Grundkonstante und nicht, wie es heute oft einschränkend vorgestellt wird, als eine Frage von Migrationsbewegungen. Jedoch gelingt es auch immer wieder, als Lernender auf die Welt zuzugehen und zu versuchen, mehr über sie in Erfahrung zu bringen. So wird das Fremdheitsgefühl gegenüber der Welt immer wieder durchbrochen.

Wenn Kinder explorieren, Neues und Unbekanntes kennenlernen und mit anderen darüber nachdenken können, dann entwickeln sich neue Perspektiven und Erfahrungen. Bildung ereignet sich im Zugehen auf die Welt, sodass die neu wahrgenommene Welt bereichernd auf die Adressat*innen von Bildungsangeboten zurückwirken kann.

Nach Humboldt (1903) gehört zu gelingender Bildung grundsätzlich immer dazu, dass der Mensch sich bereitfindet, die Bereicherung, die ihn die Welt erfahren ließ, auch wiederum an die Welt zurückzugeben. Humboldt spricht – in der Ausdrucksweise seiner Zeit – davon, „dass der Begriff der Menschheit einen grossen (sic!) und würdigen Gehalt gewönne" (1903, 284).

> „Aus heutiger Sich kann man sagen, dass die Menschheit sich diesen ‚grossen und würdigen Gehalt' u. a. in Form der Menschenrechte gegeben hat, die in einem demokratischen Prozess kontinuierlich weiterentwickelt werden und mittlerweile weltweit eine ethische Orientierung bieten." (Kölsch-Bunzen 2021, 16)

Zur Bildung von Anfang an gehört grundlegend hinzu, dass sie demokratisch ausgerichtet und an Menschenrechten orientiert ist. So fordert Klafki (2007) einen demokratischen Bildungsbegriff: „Bildung muß (sic!) m. E. heute als selbsttätig erarbeiteter und personal verantworteter Zusammenhang dreier Grundfähigkeiten verstanden werden: als Fähigkeit zur Selbstbestimmung, als Mitbestimmungsfähigkeit, als Solidaritätsfähigkeit" (52).

Auch das Hochschulnetzwerk Bildung und Erziehung in der Kindheit Baden-Württemberg hebt in der Präambel des Rahmencurriculums für die kindheitspädagogischen Studiengänge explizit die Bedeutung von Demokratie und Menschenrechte als Grundlage von Bildung hervor: „In der Kindheitspädagogik werden Kinder als kompetente Akteure, die ihre Bildungsprozesse aktiv vorantreiben, anerkannt. Partizipation von Kindern von Anfang an und deren an Demokratie und Menschenrechten ausgerichteten Bildung, Erziehung und Betreuung bilden eine wichtige Basis für alle Bausteine" (Hochschulnetzwerk Bildung Erziehung in der Kindheit Baden-Württemberg 2012, 7).

Der Orientierungsplan Baden-Württemberg (vgl. Ministerium für Kultus, Jugend und Sport 2015) beispielsweise betont ebenfalls die enge Verbindung zwischen den Kinderrechten der UN-Kinderrechtskonvention von 1989 und dem Erziehungs- und Bildungsauftrag der Kindertageseinrichtung.

Zusammenfassend lässt sich sagen:

Eine geglückte, demokratische Bildungserfahrung im vollumfänglichen Sinne liegt erst vor, wenn diese drei Testfragen bejaht werden können:

1. Hat das Bildungsangebot für Adressat*innen von Bildungsangeboten und für ihre Lebenswelt eine hohe Bedeutung? (Relevanz)
2. Können Adressat*innen von Bildungsangeboten sich frei mit dem Bildungsangebot auseinandersetzen? (Freiheit)
3. Fördert das Bildungsangebot die Demokratiefähigkeit der Adressat*innen von Bildungsangeboten zu:
   - Selbstbestimmung
   - Mitbestimmung und
   - Solidarität? (Kölsch-Bunzen 2021, 16)

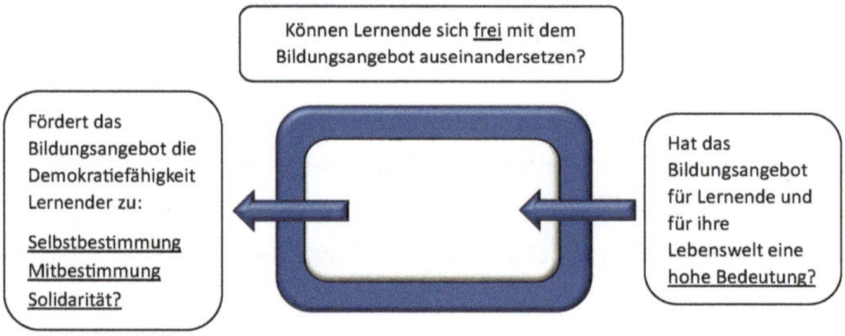

Abbildung 3: Eigene Darstellung in Anlehnung an Kölsch-Bunzen (2021, 17)

Der in dieser Weise entfaltete Bildungsbegriff umfasst die gesamte Lebensspanne und hat für alle Bildungsbereiche Geltung.

Dieser Bildungsbegriff rahmt in Bezug auf Kinder die Begriffe Erziehung und Betreuung in dem Sinne, dass Erziehung und Betreuung jeweils spezifische Aspekte von Bildung hervorheben. Sowohl Erziehung als auch Betreuung antworten auf die kognitive, physische, soziale und emotionale Entwicklungsfähigkeit von Kindern: Während die Erziehung auf Aushandlungsprozesse fokussiert, die dem Kind den gesellschaftlich anerkannten, primären Wert der Menschenwürde und deren Realisierung in demokratischen Prozessen nahebringen, legt die Betreuung den Schwerpunkt auf Aushandlungsprozesse, die sich auf die unmittelbaren Bedarfe von Kindern beziehen.

Entscheidend ist, was bei den Kindern ankommt

Hansen/Knauer (2015) machen sich für Partizipation in Kindertageseinrichtungen stark. Sie listen Themenbereiche auf, in denen Kinder konkret im Alltag partizipieren können (24 f). Diese Themenbereiche werden hier in Tabellenform wiedergegeben:

Themen der Kinder – Ideen und Fragestellungen, die sich zur Beteiligung von Kindern eignen
Spiel
• Spiele erfinden und organisieren • Spielregeln entwickeln und beachten • Die Ausgabe der Bobbycars oder der Schminkutensilien regeln …
Essen
• Speiseplan erstellen • Zutaten einkaufen • Mahlzeiten vorbereiten • auftragen und abräumen • Tische schön gestalten • Tischregeln besprechen und beachten • Tische und Geschirr reinigen …
Angebote
• Themen für Angebote oder Projekte finden • eine Ballettgruppe, ein Fußballspiel oder den Tausch von Sammelbildern organisieren • Feste und Geburtstagsfeiern, Ausflüge und Ferienfreizeiten vorbereiten …
Konzept
• den Tagesablauf strukturieren • die Öffnung der Gruppe entwickeln …
Kleidung
• Kindern beim An- und Ausziehen helfen • Hausschuhe und Mützen suchen • für angemessene Kleidung am Maltisch oder auf dem Außengelände sorgen • Kleidungsregeln besprechen und beachten • Kleidung pflegen, waschen reparieren …
Regeln
• Faire Regeln für die Nutzung der Fahrzeuge, des Bewegungsraums oder des Bistros vereinbaren • Regeln überprüfen und verändern • Regelverletzungen durch Kinder oder Erwachsene begegnen …
Ökonomie
• Die Gruppenkasse oder den Etat des Kinderparlaments verwalten • Spiel- und Arbeitsmaterial einkaufen • den Energieverbrauch reduzieren • einen Basar vorbereiten und durchführen …
Schlafen
• Ruhepausen oder Mittagsschlaf organisieren • Schlafplätze gestalten …

Themen der Kinder – Ideen und Fragestellungen, die sich zur Beteiligung von Kindern eignen
Raum
• Räume herrichten • Möbel und Material pflegen oder reparieren • den Flur frisch streichen oder das Außengelände neugestalten • die experimentelle Nutzung der Waschräume organisieren …
Öffentlichkeit
• Elternbriefe und Einladungen zu Festen schreiben • Elternnachmittage oder -gespräche vorbereiten und durchführen • Besucher*innen begrüßen und durchs Haus führen • den Besuch im Seniorenheim oder bei der Polizei vorbereiten …
Ordnung
• Ordnungssysteme entwickeln • Ordnung immer wieder herstellen • Aufräumregeln besprechen, beachten, verändern • Müll trennen …
Gemeinschaft
• Rituale ein- und durchführen • Kinder trösten oder ermahnen • Konflikte beilegen • Gruppenversammlungen oder Kinderparlamente durchführen …
Hygiene
• Nasen, Zähne oder Hände putzen • Kinder wickeln oder auf die Toilette begleiten • die Bälle aus dem Bällebad reinigen • den Flur wischen oder den Bauteppich saugen …
Sicherheit
• Gefahrenquellen im Alltag der Kindertagesstätte entdecken und Abhilfe schaffen • Aufsicht in der Werkstatt oder im Atelier führen • Kühlkissen und Pflaster verabreichen …
Religion
• Gottesdienste, Meditationen oder religiöse Feste vorbereiten und durchführen • Schreine gestalten …

Tabelle 4: Eigene Darstellung in Anlehnung an Hansen/Knauer (2015), Partizipationsmöglichkeiten für Kinder im Alltag

Die Themenliste erhebt keinen Anspruch auf Vollständigkeit und auch die Ideen und Fragestellungen, die das Autor*innen-Team einbringt, wollen pädagogische Fachkräfte eher mit dieser ersten Aufzählung zur Reflexion einladen. Auch wenn die Ideen hier eher für Kinder über 3 Jahren ausgearbeitet wurden, so lassen sie sich doch so weiterentwickeln, dass sie auch für Kinder in der Krippe bedeutsam werden können.

Die Kernfrage hierbei lautet aus unserer Sicht: Inwiefern können pädagogische Fachkräfte die Kinder dabei unterstützen, ihre Fähigkeiten zur Selbstbestimmung, Mitbestimmung und Solidarität in der Kindertageseinrichtung auszuprägen und zwar von Anfang an? Menschenwürde und Demokratie sind nicht an Altersvorgaben geknüpft, sondern gelten grundsätzlich für alle.

Sensitivität und Responsivität werden zurecht insbesondere in der pädagogischen Arbeit mit Kindern im Krippenalter gefordert, so beispielsweise bei Gutknecht (2023). Dies sind, unter einer demokratietheoretischen Perspektive betrachtet, am Wert der Menschenwürde orientierte fachliche Haltungen, die sich in einem demokratischen Handeln vollziehen können. Dies soll an der Ausgestaltung einer videographierten Wickelsituation (Ferdinand 2014), dargestellt werden.

Nicht alles in dieser Filmsequenz kann als perfekt gelungen gelten. So wird der Aufstieg zum Wickeltisch vom Kind selbständig bewältigt, jedoch von einem abgestellten Eimer am oberen Ende der Treppe behindert. Auch ein seitlich angebrachter Handlauf könnten die Selbständigkeit von Kindern in diesem Bereich fördern. Die Fachkraft gleicht hier durch pädagogisches Handeln Ausstattungsmängel aus. Sie lädt das Kind zur Kooperation ein. Dabei begibt sie sich im wahrsten Sinne des Wortes auf Augenhöhe des Kindes. Die pädagogische Fachkraft unterstützt das Kind bei vielen Handlungen rund um das Wickeln, die es selbstständig ausführen kann. So gelingt es dem Kind, sich die Strümpfe selbst auszuziehen. Als das Kind dabei etwas aus dem Gleichgewicht gerät, bietet die pädagogische Fachkraft eine Hilfestellung an und stützt das Kind sehr vorsichtig und einfühlsam seitlich ab. Das Ausziehen der Hose übernimmt die Fachkraft vollständig, obwohl das Kind dazu in der Lage gewesen wäre zu kooperieren, auch schweift das Gespräch kurzzeitig von der Handlungsebene ab. Dem Kind selbst gelingt es jedoch, sich wieder auf die Wickelsituation zu konzentrieren, indem es auf die Lampe über dem Wickeltisch und auf die Wandbemalung zu sprechen kommt. Die pädagogische Fachkraft greift die Kommunikationsangebote des Kindes positiv auf. Das Aufrichten nach dem Windelwechsel nimmt die pädagogische Fachkraft einseitig vor, obwohl das Kind dies selbstständig bewältigen könnte. Auch die Situation der Reinigung des Gesichts mit einem feuchten Lappen auf dem Wickeltisch ist nicht optimal gelungen. Das Kind wirkt irritiert, als ein feuchter Waschlappen die Wange berührt, und kann nicht mithelfen. Vermutlich wäre es besser in der Lage gewesen, die Gesichtsreinigung am Waschbecken selbst vorzunehmen. Der Abstieg über die Wickeltischtreppe wird von der Fachkraft so initiiert, dass das Kind vorwärts mit Hilfe heruntersteigt. Hier wäre es auch eine Option gewesen, dem Kind einen Abstieg rückwärts zu erlauben.

Insgesamt jedoch herrscht in der gesamten Filmsequenz eine freundliche Atmosphäre, in der Aushandlungsprozesse zwischen den beiden Akteurinnen erfolgen. Die Wickelsituation wird gemeinsam bewältigt. Hier ist für das Kind und auch für die pädagogische Fachkraft Selbstbestimmung, Mitbestimmung und Solidarität unmittelbar erfahrbar. In diesem überwiegend demokratischen Miteinander erfahren beide Seiten, wie sich der primäre Wert der Menschenwürde realisieren lässt.

Die Realisierung der Menschenwürde ist in der Bildungsarbeit mit Kindern nicht an die Sprachfähigkeit gebunden. Sie kann von Anfang an und auch unter erschwerten Bedingungen wie beispielsweise bei einer komplexen Behinderung die Bildungsarbeit grundieren. Auch Kinder mit komplexer Behinderung, bei denen mehrere Beeinträchtigungen zusammenwirken, können in Kindertageseinrichtungen eine an der Menschenwürde orientierte vollgültige demokratische Bildungserfahrung in Kooperation mit pädagogischen Fachkräften machen, wie hier im folgenden Beispiel einer guten Essenssituation skizziert werden soll:

Hierbei wird das Kind so von der Fachkraft gehalten, dass es sowohl die Fachkraft als auch das Essen im Blick haben kann. Mit einem Löffel wird dem Kind das Essen angeboten. Die pädagogische Fachkraft wartet, bis das Kind den Mund von selbst öffnet und zwingt ihm das Essen keinesfalls auf. Sollte das Kind die Verbindung zwischen dem Essensangebot auf dem Löffel und dem Öffnen des Mundes noch nicht selbsttätig realisieren können, so kann die Fachkraft mit dem Löffel leicht am Mundwinkel des Kindes ‚anklopfen'. Dies ermöglicht dem Kind, den Mund zu öffnen. Dann wird dem Kind Zeit gegeben, sich auf den Löffel, die Nahrung und auf ein mögliches Schlucken einzustellen. Auch in einer basalen Situation, die nicht fälschlicherweise als reine Betreuungssituation abgewertet werden sollte, geschieht demokratische Bildung, die die Menschenwürde aller Beteiligten wahrt.

Hansen/Knauer haben unter dem Titeln „Leon und Jelena" eine ganze Serie von Bilderbüchern herausgegeben, die Kindern in der Kindertageseinrichtung und den pädagogischen Fachkräften nahebringen, wie Alltagssituationen gemeinsam demokratisch bewältigt werden können. Hier geht es beispielsweise darum, wie Kinder:

- einen neuen Kletterturm entwerfen (Hansen/Knauer 2017),
- einen Platz zum Frühstücken finden, der allen zusagt (Hansen/Knauer 2019a),
- das Problem lösen, dass Erwachsene den Schmutz an ihren Schuhen in die Räume der Kindertageseinrichtung tragen (Hansen/Knauer 2019b),
- bei der Wahl der neuen pädagogischen Fachkraft mitbestimmen (Hansen/Knauer 2019c),
- eine Regel finden zur Praxis der Kinder, im Bewegungsraum von einem Geräteschank zu springen (Hansen/Knauer 2019d),
- eine Haltestelle für Dreiräder einrichten, damit jedes Kind die Chance zum Mitspielen bekommt (Hansen/Knauer 2019e),
- den Umgang mit Matschhosen regeln (Hansen/Knauer 2019 f),
- jüngere Kinder in ein gemeinsames Spiel einbeziehen (Hansen/Knauer 2019 g),
- in einem von ihnen gewählten Kinderparlament zusammenarbeiten (Hansen/Knauer 2019h),
- sich für Naturschutz einzusetzen (Hansen/Knauer 2022a),
- sich gegenüber Erwachsenen Gehör zu verschaffen (Hansen/Knauer 2022b),
- die Intimsphäre zu schützen (Hansen/Knauer 2023a),
- eine Demonstration zu organisieren (Hansen/Knauer 2023b).

Nach Hansen/Knauer/Sturzenhecker (2015) erfahren Kinder im Umgang mit Demokratie in Kindertageseinrichtungen zweierlei: „Wenn Kindertageseinrichtungen demokratischen Grundprinzipien folgen, erfahren Kinder hier Demokratie zunächst als Lebensform. Sie erleben einen toleranten und fairen Umgang miteinander und das Verbot der Gewalt. Die Mädchen und Jungen erfahren, dass sie ein Recht auf Anerkennung eigener Interessen haben. Kindertageseinrichtungen können aber durchaus auch Erfahrungen mit Demokratie als Gesellschafts- und Herrschaftsform anbahnen. Wenn Kinder in Kindertageseinrichtungen die Möglichkeit haben, eigene Interessen und Positionen öffentlich zu präsentieren und sich Unterstützer für ihre Ideen zu organisieren, finden sich hier auch Ansätze einer Demokratie als Gesellschaftsform. Hat sich eine Kindertageseinrichtung eine Verfassung gegeben und werden Entscheidungen von den Erwachsenen zusammen mit einem Kinderparlament oder einem Kinderrat gefällt, können Kinder hier auch Demokratie als Herrschaftsform erleben – zumindest in Ansätzen." (121 f)

Das zunehmend bereits in Kindertageseinrichtungen angelegte menschenrechtlich orientierte, demokratische Bildungsverständnis soll dann in der Grundschule seine Fortsetzung finden.

Hier kann auf schulischer Ebene bereits Erlerntes aus Kindertageseinrichtungen weiterentwickelt und vertieft werden. Das Ministerium für Kultus, Jugend und Sport Baden-Württemberg (2019) betont die Chancen, die sich in der Bildungsinstitution Schule bieten: „Demokratie erfahren, Demokratie lernen, Demokratie erproben – die Schule bietet dafür Zugänge, die weit über den Unterricht in den einzelnen Fächern hinausweisen. Die Bildung zur politischen Mündigkeit betrifft als gesellschaftspolitischer Auftrag die Schule in ihrer Gesamtheit und setzt voraus, dass sich demokratische Grundrechte, Prinzipien und Beteiligungsmöglichkeiten im Alltag des Unterrichts, des Schullebens und in der Schulkultur widerspiegeln." (34)

Plädiert wird hier für eine Lerngruppenorientierung und Elementarisierung, die Demokratiebildung für alle Schulstufen öffnet: „Lerngruppen sind immer ein Spiegel gesellschaftlicher Heterogenität und können niemals homogen sein. Für das Handeln der Lehrkraft ist es hierbei zentral, eigene Kulturalisierungen zu reflektieren und den Blick auf das Individuum mit seinen vielfältigen Differenzlinien (Milieu, Geschlecht, Herkunft etc.) und entsprechenden Erfahrungen zu schärfen. Diese (selbst-)reflektierte Haltung der Lehrkraft ist dabei niemals Selbstzweck, sondern schlägt sich in konkretem professionellem Handeln auf Schul- und Unterrichtsebene (z. B. eine diskriminierungskritische Gestaltung von Lernmaterialien oder Elternarbeit) nieder. Orientierung am Individuum bedeutet auch, unterschiedliches Vorwissen und Lernvoraussetzungen wahrzunehmen und entsprechende methodische, thematische und niveaubezogene Zugänge zu schaffen. Bei der Gestaltung von Lernarrangements und der Auswahl geeigneter Unterrichtsmaterialien müssen zum Beispiel unterschiedliche sprachliche

Voraussetzungen und sozialisationsbedingte Prägungen mitbedacht werden, ohne die Schülerinnen und Schüler darauf festzulegen oder dadurch zu begrenzen. Hierbei wird deutlich, wie sich Demokratiebildung mit dem breiten Handlungsfeld individueller Förderung und differenzsensibler Migrationspädagogik überschneidet. Elementarisierende Methoden und Zugänge erschließen Demokratiekompetenzen auch für Schülerinnen und Schüler in der Grundschule und für Gruppen mit schwierigen Lernvoraussetzungen. Entsprechend bedeutsam ist es, dass sich Lehrkräfte mit elementarisierenden Formen von Demokratiebildung in Fortbildungen vertraut machen", so das Ministerium für Kultus, Jugend und Sport Baden-Württemberg (2019, 20).

Das Schaubild der „10 Prüfsteine für eine demokratische Schulkultur" kann für alle Akteur*innen im Schulsystem als eine gemeinsame Reflexionsfolie dienen:

Polity	Polities	Policy
Gremien und Akteur*innen Normen und Regeln	Verfahren und Prozesse Interaktionen und Kommunikation	Demokratie als Inhalt und Gegenstand

1. Bilden die verfassten und etablierten Gremien die Interessen aller Beteiligten auf breiter Basis ab? Reduzieren ergänzende Gremien und niederschwellige Dialog- und Beteiligungsangebote bestehende Ungleichgewichte im Beteiligungsverhalten?
2. Herrscht Transparenz in Bezug auf Regeln und wechselseitige Erwartungen? Besteht Offenheit/Bereitschaft, bestehende Leitbilder, Regelungen und Verfahren zu überprüfen, gemeinsam zu verhandeln und anzupassen?
3. Werden die Interessen, Bedürfnisse und Erwartungen aller Beteiligten systematisch erhoben und in die Weiterentwicklung von Schule und Unterricht einbezogen? Werden dazu geeignete Instrumente und Verfahren eingesetzt?
4. Werden bestehende Probleme und Konfliktfelder benannt und thematisiert? Bietet die Schule hinreichende Möglichkeiten zum Ausgleich von Interessen und zur Konfliktregulation?
5. Gehen Schülerinnen und Schüler, Lehrkräfte und Eltern offen, respektvoll und wertschätzend miteinander um? Ist das soziale Miteinander ein lebendiger Bestandteil im Schulleben?
6. Berücksichtigen die Ansprache- und Dialogformen die sprachlichen Voraussetzungen und die kulturelle Diversität in der Schule? Werden entsprechende Fortbildungs- und Unterstützungsangebote für Lehrkräfte und Eltern wahrgenommen?
7. Fühlen sich Schülerinnen und Schüler, Eltern und Lehrkräfte in ihrer Individualität und Identität wahrgenommen und akzeptiert? Gibt es Angebote zur Prävention vor Diskriminierung sowie Anlaufstellen und Verfahren für den Umgang mit Mobbing, Abwertung und Ausgrenzung?
8. Erhalten Schülerinnen und Schüler alters- und entwicklungsgemäße Spielräume für autonome Entscheidungen und für die Übernahme von Verantwortung in der Gestaltung von Lernprozessen und in der Planung und Umsetzung gemeinsamer Aktivitäten und Projekte?
9. Begegnen Schülerinnen und Schüler in dem für sie bedeutsamen und prägenden Sozialraum Schule, Vorbildern und Maßstäben für demokratisches Verhalten und für einen demokratischen Diskurs?
10. Setzen sich Schülerinnen und Schüler mit demokratischen Normen und Mechanismen im Rahmen des schulischen Leitbilds/Schulprogramms oder bei Schulprojekten auseinander? Können sie dabei durch lernendes Handeln Selbstbewusstsein und das Gefühl von Selbstwirksamkeit entwickeln?

Abbildung 4: Eigene Darstellung in Anlehnung an das Ministerium für Kultus, Jugend und Sport Baden-Württemberg (2019, 51), 10 Prüfsteine für eine demokratische Schulkultur

Das Schaubild wurde der Site des Ministeriums für Kultus, Jugend und Sport Baden-Württemberg (2019, 51) entnommen und wird im Folgenden näher erläutert.

Unterschieden wird in diesem Schaubild zwischen Polity, Politics und Policy. Polity bezieht sich auf die Akteur*innenebene und beinhaltet die auf dieser Ebene vereinbarten Normen und Regeln. Politics befasst sich mit Verfahren und Prozessen der Interaktion und Kommunikation. Policy nimmt die jeweiligen Inhalte in den Blick. Auf all diesen Ebenen gilt es exemplarisch „10 Prüfsteine für eine demokratische Schulkultur" zu reflektieren. Diese Prüfsteine bzw. Reflexionsfragen eigenen sich auch für den Bereich der Elementarpädagogik.

Hier geht es um die demokratische Vertretung der Interessen aller Akteur*innengruppen in den Gremien, um Transparenz, demokratische Verfahren der Weiterentwicklung der jeweiligen Bildungsinstitution, um ein demokratisches Leitbild der Einrichtung, um ein demokratisches Konfliktmanagement, um einen respektvollen Umgang, um eine diversitätsfreundliche, kultursensible, diskriminierungskritische Haltung und nicht zuletzt um die Frage nach Vorbildern, die Adressat*innen von Bildungsangeboten in ihrer Entwicklung zu demokratischen Persönlichkeiten unterstützen. Durch die Reflexion der Prüfsteine können Qualitätsaspekte identifiziert werden, die zur konkreten Umsetzung demokratischer Strukturen, Prozesse und Haltungen in Bildungsinstitutionen einen substanziellen Beitrag leisten.

Auch die Untersuchung von Nentwig-Gesemann/Walther (2021) trägt zu Identifizierung von Qualitätsaspekten für die Verankerung demokratischer Strukturen, Prozesse und Haltungen in Bildungsinstitutionen bei. In ihrer Evaluationsstudie untersuchten sie Kinderrechteschulen des Deutschen Kinderhilfswerkes zu „Gelingensbedingungen einer nachhaltigen Verankerung von Kinderrechten in der Grundschule" (Nentwig-Gesemann/Walther 2021).

15 Schulen in 8 Bundesländern haben sich unter dem Dach des Deutschen Kinderhilfswerks, welches Projektschulen finanziell und mit Fortbildungsangeboten unterstützt, zusammengeschlossen, um die Demokratiebildung an Schulen in Deutschland voranzubringen. In einer quantitativ angelegten Teilstudie wurden Lehrkräfte, Eltern, Klassensprecher*innen sowie deren Stellvertreter*innen, Fachkräfte aus dem Ganztagsbereich, der Schulsozialarbeit und Schulleitungen mit einem Fragebogen befragt. In einer weiteren Teilstudie wurden Onlineinterviews mit allen Akteur*innengruppen durchgeführt. Das besondere Augenmerk lag hier auf den Aussagen der interviewten Schüler*innen. In ihrem Zwischenbericht legen Nentwig-Gesemann/Walther (2021) hinsichtlich der quantitativen Befragung dar: „Zusammenfassend kann festgestellt werden, dass die befragten Erwachsenen den Umgang der schulischen Akteur*innen miteinander, die Berücksichtigung der Kinderrechte im Unterricht und die Transparenz von Regeln und die Mitgestaltungsmöglichkeiten an den Projektschulen im Durchschnitt sehr positiv beurteilen. Deutlich zurückhaltender, aber dennoch relativ positiv, werden die verschiedenen Aspekte in den Bereichen Ausstattung und Infrastruktur sowie öffentliche Ausstrahlung eingeschätzt." (23) Bei der Fragebogenauswertung zu den Antworten der Kinder zeigte sich, so Nentwig-Gesemann/Walther

(2021): „Die Kinderrechte spielen an den Projektschulen zwar eine wichtige Rolle, ihre praktische Umsetzung wird in einigen Aspekten von den Kindern allerdings kritisch betrachtet.“ (24) Die Mehrheit der Kinder ist der Ansicht, dass Kinderrechte eine wichtige Rolle in der Schule spielen, jedoch gibt weniger als die Hälfte der Kinder an, die Kinderrechte zu kennen und weniger als die Hälfte der Kinder sind der Meinung, sie würden im Unterricht besprochen, in der Ganztagsbildung werden, so die Kinder, die Kinderrechte kaum besprochen. Auch die Einschätzung der Mitbestimmungsmöglichkeiten im Unterricht schätzen die Kinder noch eher kritisch ein. Das Item „Ich kann mitbestimmen, wie wir in einer Unterrichtsstunde arbeiten“ erhält nur zu 24 % die volle Zustimmung der Kinder (27). Der weit überwiegenden Mehrheit der befragten Erwachsenen ist das Wohl der Kinder oberste Richtschnur (17). Dies kommt bei den befragten Kindern an und so stimmen auch die Kinder dem Item „Die Erwachsenen wollen, dass es uns in der Schule gut geht“ auch mit großer Mehrheit zu (26).

Aus der qualitativen Befragung erstellten Nentwig-Gesemann/Walther (2021) folgende Übersicht zu den Gelingensbedingungen und Herausforderungen hinsichtlich einer Verankerung von Kinderrechten in der Grundschule, die als Reflexionsfolie für die Bildungsinstitution Schule insgesamt gelesen werden kann:

Struktur (Organisationsstruktur)	
Gelingensbedingungen	*Herausforderungen*
Verbildlichte und transparente strukturelle bzw. konzeptionelle Festlegungen	Umgang mit begrenzten Ressourcen und räumlichen Gegebenheiten
Sichtbarkeit der Kinderrechte	
Haltung (handlungsleitende Orientierungen)	
Gelingensbedingungen	*Herausforderungen*
Engagement der gesamten Schulgemeinschaft und gemeinsames Verständnis einer Kinderrechteschule im Prozess	Beteiligung schwer erreichbarer Akteur*innengruppen und Erweiterung des eigenen beruflichen Selbstverständnisses
Praxis (Handlungspraxis im Schulalltag)	
Gelingensbedingungen	*Herausforderungen*
Gelebte Demokratie: Demokratische Prinzipien und Partizipation erfahren und einüben	Gewährleisten von Partizipation und Kinderschutz auch und gerade in Krisenzeiten
Empowerment der Kinder und Engagement gegen Verletzungen der Kinderrechte	Als Kind mit Beschwerden gehört werden und Erwachsenen nicht ausgeliefert sein

Tabelle 5: Eigene Darstellung in Anlehnung an Nentwig-Gesemann/Walther (2021, 39), Gelingensbedingungen und Herausforderungen hinsichtlich einer Verankerung von Kindgerechten in der Grundschule

In vielen Situationen berichten Kinder von Partizipationsmöglichkeiten, die sie zurecht als gelungen einschätzen. Hierzu ein wörtlich aus der Transkript-Vorlage übernommenes Beispiel:

„**K1:** Ja und bei uns war auch das Thema, wir haben so Geckos die man auf den Schoß nimmt und das ist für die Kinder, die nicht die ganze Zeit still halten können, die nehmen den auf den Schoß, damit die=n bisschen stiller sind? Dann kam einmal ein Brief, dass Kinder den Gecko fast nie kriegen, und dann gibt es Kinder die den Gecko ganz oft kriegen. Und danach haben wir das gemeinsam besprochen und haben dann eine Lösung gefunden, dass unsere Lehrerin das Blatt hat und dann überall die Namen stehen von den Kindern, und dann darf man den Gecko viermal nehmen, we- und immer wenn man den Gecko einmal hat, muss man in diesem Zettel ein X hinlegen. Und wer den Gecko einmal hat? Und wer dann viermal den Gecko schon hat, der darf den dann nicht nehmen damit das auch gerecht für die anderen Kinder ist.

Y2: Findest du die Lösung gut oder

K1: Ich finde die Lösung gut, weil jetzt viele mehr andere Kinder drankommen und die anderen Kinder, die ihn haben, müssen sie noch warten, bis die andern Kinder, die ihn zum Beispiel nur einmal hatten noch dreimal den Gecko kriegen können."

(Nentwig-Gesemann/Walther 2021, 56)

In der Untersuchung finden sich jedoch unter dem Aspekt „Als Kind mit Beschwerden gehört werden und Erwachsenen nicht ausgeliefert sein" auch Aussagen, die Relevanz haben beim Thema ‚verletzendes Verhalten von Lehrkräften'. Hier zeigt sich, dass menschenrechtlich und demokratisch ausgerichtete Schulen, diesen Ansatz nicht als etwas betrachten, was gewährt wird, sondern als die rechtliche Grundlage in Bildungsinstitutionen. Eindrücklich weisen Kinder im Online-Interview auf diese Schwierigkeit hin. Dabei hatten die Kinder auf eine Frage von Y1 nach ihren Rechten zunächst mit einer Erläuterung von Verboten geantwortet. Daraus entwickelte sich dann diese Diskussionssequenz, die hier wiederum wörtlich aus der Transkript-Vorlage übernommen wurde:

„**Y1:** Gut, aber das sind ja Verbote. Also das was man nicht machen darf. Aber Kinder haben ja Rechte, etwas zu tun. Kinder haben zum Beispiel das Recht, genug Zeit zu haben zum Spielen

K4: Ah: (1) heißt, wir dürfen spielen, bei dem Schulhof, wir dürfen noch essen und wir dürfen noch eigentlich wir müssen noch arbeiten

Fk1: @(.)@

K3: Ja das ist die @Schule@ ((FK sagt etwas aus dem Off))

K3: Wir können zu den Lehrern was vorschlagen, wenn wir was machen.
K4: Ja
K3: Was wir nicht haben wollen. Oder dass wir das nicht machen sollen oder das die das nicht machen sollen
K4: Zum Beispiel Frau Schulze meine Lehrerin, die schreit mich an und ich sag stopp. Warum schreien sie mich an.
K3: Also nur wenn wirklich kein Grund Ist, Kinder anzuschreien
K4: ja.
K3: Dann sagen wir halt stopp, weil das halt, wir dürfen das halt, wenn die was machen? Sagen wir halt auch stopp. Also nicht nur zu den Kindern.
K4: Zum Beispiel letztes Mal bei meiner Klasse, ein Freund von mir ((Verbindung ca. 10 Sek unterbrochen))
K4: Dann hat Frau Schulze doch gesagt, dann sagt er immer, Bijan, Bijan, Bijan, guck mal ich hab das gemalt. Ich will auf meine Arbeit konzentrieren und dann sagt Frau Schulze, ey hör auf, mit deinem Freund zu quatschen, aber das bin ich nicht, das ist er. Und dafür schreit sie mich an, aber es hat kein Grund. Sondern er redet mit mir.
Y1: Und dann konntest du Ihr das sagen? Dass du das ungerecht findest?
K4: Ja aber sie hat gesagt, du hast doch den Platz ausgesucht, aber er hat den Platz ausgesucht. Nicht ich. Ich wollte einen einzelnen.
Y1: Ok aber das mit dem Stoppsagen zu den Lehrern, das Ist natürlich interessant. Dass die Regel, ihr dürft stopp sagen.
K4: Heißt nicht stopp sagen, heißt warum schreien sie mich an oder so was.
Y1: Ok, hast du das schon mal gemacht?
K4: Nee. Nur einmal hab ich gesagt, warum schreist du mich an. Nur einmal.
Y1: Und du hast du das eigentlich schon mal gesagt zu einem Lehrer gesagt, stopp oder du willst das nicht
K3: Nein, hab ich eigentlich noch nie gemacht."
(Nentwig-Gesemann/Walther, 2021, 68)

Nentwig-Gesemann/Walther (2021) kommentieren: „Das konkret erzählte Beispiel wird insofern als Ungerechtigkeit geschildert, als dass das Kind sich zwar traut, das Verhalten der Lehrerin zu hinterfragen, letztlich aber doch von ihr mit dem Hinweis auf seine Platzwahl abgespeist und als Mitverursacher des Problems gerahmt wird. Es wird hier als homologes Muster deutlich, dass es keine selbstverständliche handlungsleitende Orientierung darstellt, sich offen gegen Verhalten der Lehrpersonen zu wehren, das als ungerecht und übergriffig wahrgenommen wird. Die Kinder bleiben darauf angewiesen, dass eine Lehrkraft sich auf Kritik einlässt bzw. Beschwerden, die die eigene Person betreffen, ernst nimmt." (69)

Damit in menschenrechtlich und demokratisch ausgerichteten Bildungsinstitutionen die nachhaltige Verankerung von Kinderrechten nicht letztlich nur vom Wohlwollen der Erwachsenen abhängig bleibt, ist es wichtig, Strukturen und Umgangsformen zu schaffen, die alle Akteur*innengruppen umfassen. Gerade beim Schutz vor verletzendem Verhalten von Lehrpersonen, von Fachkräften im Ganztagsbereich, Schulsozialarbeiter*innen und anderen Mitarbeitenden im Schulbetrieb ist, wie sich an diesem Beispiel zeigt, insbesondere ein gut funktionierendes Beschwerdemanagement unabdingbar.

4. Verletzendes Verhalten von pädagogischen Fachkräften und Lehrpersonen in Bildungsinstitutionen als Tabu

Tabu

Maywald (2019) ist zuzustimmen, wenn er vom „Tabuthema Gewalt in der Kita“ (25) spricht und hierzu ausführt: „Die insgesamt sehr lückenhafte Datenlage sowohl bei den Aufsicht führenden Behörden als auch bei den Trägern und Einrichtungen sowie die – abgesehen von wenigen Ausnahmen – unzureichende fachliche und mediale Thematisierung lässt vermuten, dass es sich bei dem Thema ‚Fehlverhalten und Gewalt durch pädagogische Fachkräfte in Kindertageseinrichtungen‘ immer noch weitgehend um ein gesellschaftliches Tabu handelt.“ (25)

Auch Prengel (2019) kritisiert für den Kindertages- und den Schulbereich ebenfalls eine „vorherrschende Tabuisierung pädagogischer Kunstfehler“ (128).

Als Gründe werden von Maywald (2019, 25 f) angeführt:

- Die Schwierigkeit, sich durchaus schmerzhaft ein eigenes Fehlverhalten einzugestehen,
- die Schwierigkeit, Fehlverhalten von Kolleg*innen offen anzusprechen,
- eine falsch verstandene Solidarität,
- der Wunsch nach vermeintlicher Harmonie,
- die Furcht vor arbeitsrechtlichen Konsequenzen bzw. strafrechtlichen Sanktionen,
- die Sorge von Einrichtungsleitungen und Trägern vor dem negativen Image einer Einrichtung in der Öffentlichkeit,
- das Fehlen einer Leitorientierung.

Zu ergänzen wären hier:

- Die diversen Belastungsfaktoren, die nicht, wie es einem demokratischen Selbstverständnis gemäß wäre, von pädagogischen Fachkräften und Leitungspersonen entsprechend adressiert, sondern an den Kindern ausgelassen werden,
- die Schwierigkeit im Wissenschaftsbereich ein ‚heißes Eisen‘ anzufassen, wohl wissend, dass Fachkräfte insbesondere durch eine Fachkraft-Kind-Relation, die nicht dem wissenschaftlichen Standard entspricht, nicht selten am Limit des Leistbaren angekommen sind.

Hier hilft nur Klarheit:

- Belastungsfaktoren korrelieren mit einer negativen Prozessqualität. Sie determinieren die Prozessqualität jedoch nicht.
- Eine gute Orientierungsqualität zu entwickeln, sich an Menschenrechten zu orientieren und demokratische Verfahren zu installieren, ist zuallererst einmal keine Frage der Strukturqualität.
- Leitungspersonen können über die Organisations- und Managementqualität Einfluss auf einen menschenrechtsorientierten Umgang und auf demokratische Prozedere in der Kindertageseinrichtung nehmen.
- Wer sich Kindern gegenüber verletzend verhält, trifft eine persönliche Entscheidung.

Körperliche und seelische Gewalt in Kindertageseinrichtungen

Hubrig (2022, 9–20) erstellt aufgrund ihrer Erfahrungen u. a. als Erzieherin eine erste Liste von Formen der Gewalt, die in Kindertageseinrichtung auftreten können:

Körperliche Gewalt:

- Körperliche Vernachlässigung
- Sexualisierte Gewalt

Psychische Gewalt:

- Emotionale Vernachlässigung
- Vernachlässigung der Aufsichtspflicht
- Kinder beschämen und bloßstellen
- Kinder anschreien
- Kinder vergleichen und vorführen
- Kinder diskriminieren
- Ironische Bemerkungen
- Zwang zum Essen
- Zwang zum Schlafen
- Zwang zum Toilettengang
- Zwang zum Zähneputzen
- Kinder festhalten oder an ihnen zerren
- Androhung von Gewalt
- Kinder isolieren

Die Trennung zwischen körperlicher und seelischer Gewalt ist allerdings nicht strikt zu denken. Vielmehr handelt es sich um wechselseitige Bezüge, bei denen die Gewalt eher am Körper oder eher an der Seele des Betroffenen ansetzen kann. Körperliche Gewalt wird vom Gewaltopfer aus jedoch auch als seelische Gewalt erfahren und seelische Gewalt kann körperliche Beeinträchtigungen nach sich ziehen.

Primär auf den Körper gerichtete Gewalt hinterlässt körperlich sichtbare Spuren. Der Nachweis, dass Gewaltanwendung vorliegt, ist eindeutiger zu erbringen, während seelische Gewalt sich im Nachhinein deutlich schwerer nachweisen lässt.

Prengel (2019) konstatiert: „Für die Pädagogik sind, nachdem die Beschämung durch Körperstrafen im Prozess der Zivilisation zurückgedrängt wurde, Verletzungen durch symbolische Demütigungsinszenierungen und Sprache ein wichtiges Forschungsthema." (36)

Dieser Bereich bedarf einer stärkeren Forschungsanstrengung, so Prengel (2019): „Während über Verstöße gegen Kinderrechte auf der Ebene körperlicher und sexualisierter Gewalt und ihre Ächtung ein weitgehender gesellschaftlicher Konsens vorherrscht, fehlt auf der Ebene seelischer Verletzungen ein umfassender Diskurs." (15)

An diesem Punkt setzt Prengel (2019) an. Sie verfolgt mit dem Forschungsprogramm INTAKT (Soziale Interaktion in pädagogischen Arbeitsfeldern) eine Klärung pädagogischer Beziehungen zwischen Anerkennung, Verletzung und Ambivalenz.

Hier legt sie den Fokus auf die pädagogische Beziehungsgestaltung von Lehrkräften und Schüler*innen. Dabei hat sie jedoch auch die pädagogische Beziehungsgestaltung von Kindern und pädagogischen Fachkräften in Kindertageseinrichtungen im Blick. Dies ist gut begründbar, da es sich um Institutionen der Bildung handelt, in denen bei aller Unterschiedlichkeit hinsichtlich der Gestaltung von Bildungsangeboten, die ethische Grundorientierung an Menschenwürde und Demokratie bei der Beziehungsgestaltung dieselbe sein sollte.

Anerkennung und Verletzung in pädagogischen Beziehungen

Prengel (2019) konzipiert Verletzung in pädagogischen Kontexten als aktive Missachtung von Anerkennung. Der Begriff der *Anerkennung* erhält in Prengels Forschungsarbeiten einen zentralen Stellenwert.

Prengel verankert ihre an Menschenrechten ausgerichtete Untersuchung anerkennungstheoretisch, indem sie Bezug nimmt auf die drei Anerkennungsformen nach Honneth (1994):

- Liebe (persönliche familiäre sowie freundschaftliche sehr nahe Beziehungen)
- Recht (rechtlich geregelte Beziehungen) und
- soziale Wertschätzung (wirtschaftliche, leistungsbezogene Beziehungen)

Honneth (1994) konstatiert in der Entwicklung der bürgerlich-kapitalistischen Gesellschaftsform eine Ausdifferenzierung von drei Anerkennungsformen. Diesen Anerkennungsformen entspricht jeweils eine soziale Sphäre, in der Menschen auf je unterschiedliche Weise Bestätigung für Aspekte ihrer Person erfahren können: In der Sphäre der Liebe wird die Achtung der unantastbaren Integrität eines jeden Menschen erfahrbar, in der Sphäre des Rechts die Würdigung als Vernunftperson mit moralischen Kapazitäten und in der Sphäre der sozialen Wertschätzung die Anerkennung besonderer, sozial als wertvoll erachteter Eigenschaften und Fähigkeiten. Jeder der drei Anerkennungsformen entspricht, so Honneth (1994), ein spezifisches Selbstverhältnis einer Person und diese drei Selbstverhältnisse bedingen Honneths Auffassung nach insgesamt die Möglichkeit geglückter individueller, dialogisch zu erwerbender Autonomie.

Prengel (2019) reformuliert die sozialpsychologisch und sozialphilosophisch konzipierten Anerkennungsformen nach Honneth aus erziehungswissenschaftlicher Perspektive. Den Begriff der Liebe ordnet sie, wie Honneth auch, den engen Primärbeziehungen zu. In Erziehungs- und Bildungsprozessen hält sie den Begriff der *Solidarität* für ein passenderes Äquivalent. Im Rückgriff auf Brunkhorst nimmt sie die Formulierung einer ‚Solidarität unter Fremden' auf. Der Fremdheitsbegriff wird nicht abwertend verstanden, sondern meint hier, Solidarität gegenüber Menschen zu üben, die nicht zur eigenen Primärbeziehungsgruppe zählen.

Diese professionelle Solidarität umfasst, so Prengel (2019) in Erziehungs- und Bildungsprozessen:

- verlässliche Beziehungen
- eine Kultur der Freundlichkeit
- eine konstruktive Begrenzung von Fehlverhalten
- die pädagogische Arbeit am Bezug der Adressat*innen von Bildungsangeboten untereinander
- eine Vermittlung zwischen den Themen der Adressat*innen von Bildungsangeboten und den von Lehrenden verantworteten Themen
- sowie Unterstützungsformen für Lehrende.

Wichtig ist Prengel in diesem Zusammenhang: Die Solidarität endet gerade nicht bei der Aufnahme von Sachbezügen und Lernthematiken, sondern realisiert sich insbesondere in der didaktischen Triangulierung von Lehrperson – lernende Person – Lehr-Lern-Gegenstand.

Vor diesem theoretischen Hintergrund plädiert Prengel dafür, einen Mangel an professioneller Solidarität in Erziehungs- und Bildungsprozessen fachlich als Kunstfehler aufzufassen.

Der Begriff des Rechts bei Honneth wird nach Prengel (2019) in Erziehungs- und Bildungsprozessen unter dem Begriff der *Achtung* reformuliert. Achtung meint die Stärkung von Gleichheits- und Freiheitsrechten in Lehr-Lern-Prozessen. D. h.:

- Gleich sind Lehrende und Adressat*innen von Bildungsangeboten unter dem Aspekt der Menschenwürde und als Träger von Menschenrechten. Ungleich sind sie, insofern Lehrende über eine Machtposition sowie über Wissens- und Erfahrungsvorsprünge verfügen. Diese Machtposition muss, so Prengel, professionell reflektiert und kalibriert werden.
- Prengel führt an dieser Stelle das Kriterium der Reversibilität ein, um unterscheidbar zu machen, wie die Balance zwischen Gleichheit und Ungleichheit einzuschätzen wäre. Gefragt wird, ob Äußerungen oder Handlungen von Lehrpersonen grundsätzlich auch in ähnlicher Weise von Adressat*innen der Bildungsangebote getätigt werden könnten. Ein autokratischer Erziehungsstil würde die Reversibilität grundsätzlich ausschließen, Antipädagog*innen hingegen würden auf einer vollständigen Reversibilität bestehen. „Im demokratischen oder sozial-integrativen Stil versucht man, möglichst viel Reversibilität in der Kommunikation zu realisieren, ohne die Komponente der partiell als notwendig erachteten nicht reversiblen Führung zu vernachlässigen." (84 ff)
- Prengel plädiert für eine demokratische Einbindung der Begriffe *Freiheit* und *Gleichheit*: „In partizipativen demokratiepädagogischen Modellen … geht es darum, die konkreten Hinsichten von Gleichheit und Freiheit, also die Gleichheits- und Freiheitsrechte, die für Kinder und Jugendliche gelten sollen, zu klären und in einem für alle geltenden Regelwerk verbindlich zu machen." (86)
- Prengel fordert ein Beschwerdemanagement für Adressat*innen von Bildungsangeboten in institutionalisierten Erziehungs- und Bildungsprozessen, in Schulen die wissenschaftliche Evaluation von Vertrauenslehrer*innen sowie ein definiertes Prozedere im Umgang mit pädagogischen Kunstfehlern.

Die dritte Form der Anerkennung wird bei Honneth als soziale Wertschätzung konzipiert. Diese Anerkennungsdimension reformuliert Prengel (2019, 88 ff) erziehungswissenschaftlich, indem sie *Wertschätzung* als eine angemessene Anerkennung von Lernleistungen auffasst. Hierzu gehört:

- als Grundlage jeder Leistungsbewertung die völlig leistungsunabhängige Achtung jedes Adressaten und jeder Adressatin von Bildungsangeboten

- die Trennung einer Situation des Lernens von einer Situation der Leistungsüberprüfung und Bewertung
- eine didaktische Individualisierung: gestufte Bildungsstandards mit Einstiegsmöglichkeiten auf unterschiedlichen Kompetenzstufen, Zertifizierung in Bezug auf Regel- oder Minimalstandards nach Bildungsprozessen
- die Würdigung von Kompetenzstand und Leistungsfortschritten
- ein Nachdenken über Lösungswege, statt negative Rückmeldungen durch Lehrpersonen
- der Einbezug relationaler Bedingungen des Lernens
- ein mehrperspektivischer Leistungsbegriff: Dieser „lässt auf der Basis der Perspektive universeller leistungsunabhängiger, menschenrechtlich fundierter Anerkennung und unverbrüchlicher Zugehörigkeit zur Gruppe und der Perspektive individueller Anerkennung persönlicher Leistungen auch die Perspektive des hierarchisierenden Leistungsvergleichs mit anderen zur Geltung kommen. Es geht also nicht darum, den interpersonellen Vergleich auszublenden, aber es geht darum, ihm seine entwicklungs- und lernbehindernde Dominanz zu nehmen und ihn an passender Stelle im Bildungsprozess zu verorten und zu begrenzen.“ (92)

Der sozialwissenschaftlich orientierte Anerkennungsbegriff nach Honneth und für Bildungsinstitutionen reformulierte Anerkennungsbegriff nach Prengel lassen sich folgendermaßen tabellarisch gegenüberstellen:

Anerkennung nach A. Honneth	Anerkennung nach A. Prengel
Liebe	Solidarität
Recht	Achtung
Soziale Wertschätzung der Leistung	Soziale Wertschätzung der Leistung

Tabelle 6: Eigene Darstellung in Anlehnung an Honneth (1994) und Prengel (2019), Gegenüberstellung von Ankerkennungsbegriffen

Prengel (2019) und ihr Team führten Untersuchungen in Bildungskontexten durch. Hierbei erstellten sie so genannte *Feldvignetten.* Jeweils ein Forscher*innen-Tandem suchten Bildungsinstitutionen auf und beobachteten, wie Pädagog*innen und Kinder miteinander kommunizieren. Sie richteten ihr Augenmerk auf sicht- und hörbare Erzieher*in-Kind-Interaktionen bzw. Lehrer*in-Schüler*in-Interaktionen. Eine Feldvignette ist das schriftlich erstellte Protokoll einer kurzen, intersubjektiv erkennbar sinnvollen Abfolge sprachlichen Handelns als Interaktionseinheit. Erfasst werden hierbei die jeweiligen Aussagen sowie Hinweise auf Mimik, Gestik, Körperhaltung. Gegebenenfalls werden auch Resonanzen aus der Peergruppe miterfasst. Die Forscher*innen bemühen sich um die Verwendung treffender Verben für das jeweilige Handeln. Als weitere Zusätze zur Feldvignette werden im Nachhinein noch Ort, Zeit, Material, Methode sowie weitere fachliche Erläuterungen, die zu einem besseren Verständnis der Situation beitragen können, eingefügt.

Außerdem wird noch ein kurzer introspektiver Selbstbericht angehängt. Hier beschreiben die Forscher*innen insbesondere, was sie in der Situation gefühlt haben. Prengel würdigt diesen Nachtrag zu den Feldvignetten als wertvolle Informationsquelle und wendet sich dagegen, die emotionalen Aspekte, die Forscher*innen im Feld bewegen, als bloße Störung abzuwerten.

Zur Erstellung von Feldvignetten werden die Beobachter*innen mithilfe eines Methodenmanuals geschult. Die Auswertung erfolgt in einem Forscher*innen-Team mit der qualitativen Inhaltsanalyse nach Mayring. Die Codierung wurde mit MAXQDA und mittels einer multivariaten statistischen Analyse vorgenommen.

Anhand von 15.000 Feldvignetten wurden diese Kategorien ermittelt:

Kategorien	Kennzeichen
sehr anerkennend	deutlich und sehr angemessen anerkennend
leicht anerkennend	ein wenig und eher beiläufig anerkennend
neutral	explizites Anerkennungshandeln nicht beobachtbar bzw. nicht relevant
leicht verletzend	einfach und beiläufig verletzend
sehr verletzend	heftig und klar unzulässig verletzend
schwer einzuordnen	stark ambivalent, nicht zuordenbar, strittig

Tabelle 7: Eigene Darstellung in Anlehnung an Prengel (2019), Kategorien Anerkennung, Verletzung und Ambivalenz

Prengel (2019, 103) beschreibt die im Forschungsvorhaben ermittelten Kategorisierungen näher:

Die Kategorien *sehr anerkennend* und *leicht anerkennend* können durchaus auch respektvoll geäußerte Kritik beinhalten, welche die Adressat*innen von Bildungsangeboten nicht entmutigt. Prengel (2019, 103) überlegt: „Dabei ist jeweils fallbezogen zu klären, ob möglicherweise Formen von Strafe als *anerkennend* zu kategorisieren sind, wenn sie nicht zu Diskriminierung, Beschämung, Unterordnung und Ausgrenzung, sondern zu Fairness und Wiedergutmachung, und damit zu Integration beitragen".

Sollte in einer Bildungssituation eine Grenzsetzung unterlassen werden auf Grund von einer unprofessionellen Haltung der Gleichgültigkeit, kann dies als *verletzend* kategorisiert werden.

Im Hinblick auf die Kategorie der *Ambivalenz* führt Prengel (2019, 103) aus: „Wenn man danach sucht, lassen sich in jeder Interaktion Spuren von Ambivalenzen ausmachen, denn stets spielen Antinomien in pädagogischen Verhältnissen eine Rolle. Aber, wenn man die Szenen miteinander vergleicht, lassen sich sehr klar überwiegend anerkennende, verletzende, neutrale oder ambivalente Gehalte herauskristallisieren. Wenn von ‚Anerkennungsgraden‘ oder ‚Anerkennungsqualitäten‘ die Rede ist, so schließen diese Begriffe auch Mängel an Anerkennung wie z. B. Verletzung, Missachtung oder Vernachlässigung mit ein.“ (103)

Zum Begriff der *Strafe*, den Prengel hier verwendet, soll hier angemerkt werden, dass dieser Begriff zutreffender durch den der *Konsequenz* ersetzt werden sollte. Hierzu wird auf Dreikurs/Soltz (2018) verwiesen, die in Bildungsprozessen von Herausforderungen in der pädagogischen Interaktion mit Kindern ausgehen, welche Konsequenzen im Sinne von realen Folgen, die sich aus herausforderndem Verhalten ergeben, nach sich ziehen, aber keinesfalls Strafen.

Die anerkennungstheoretische Rahmung der Begriffe Anerkennung, Verletzung und Ambivalenz ist besonders gut geeignet, pädagogische Beziehungen in Bildungsprozessen zu analysieren. Der Begriff der *Gewalt* soll in einem arbeitsrechtlichen oder strafrechtlichen Sinne auch in Bildungsinstitutionen Anwendung finden, ist jedoch insofern zweiwertig strukturiert, als trennscharf unterschieden werden muss zwischen erheblich und unerheblich, letztlich zwischen strafwürdig oder nicht strafwürdig. Die Kategorien von sehr anerkennend, leicht anerkennend, neutral, leicht verletzend, sehr verletzend und schwer einzuordnen ziehen demgegenüber ein Spektrum auf. Dies wird der Vielfalt pädagogischer Situationen eher gerecht.

Ein weiterer Vorteil liegt darin begründet, dass sich mit diesem Spektrum der Einschätzung von Verhaltensweisen auch unterschiedliche Möglichkeiten professioneller, pädagogischer Bezugnahme eröffnen.

Ergebnisse der INTAKT-Studien

Tellisch/Prengel (2019) resümieren Ergebnisse aus INTAKT-Studien in Kindertageseinrichtungen und Schulen: „Die quantitative Untersuchung von 1.590 Szenendaten aus Kindertageseinrichtungen hat gezeigt, dass durchschnittlich fast Dreiviertel der Szenen anerkennende und neutrale Handlungsweisen und rund ein Viertel der Feldvignetten verletzende und ambivalente Handlungsweisen aufweisen. Damit deckt sich dieses Ergebnis mit den Befunden des INTAKT-Projekts, die im Bereich der Schule ermittelt wurden. Hier konnte man bei der Analyse von mehr als 13.600 Feldvignetten herausfinden, dass im beobachteten Schulunterricht die durchschnittlichen Anteile an Anerkennung und Verletzung in pädagogischen Interaktionen den Ergebnissen aus Kindertageseinrichtungen weitgehend gleichen.“ (14)

5. Verletzendes Verhalten von pädagogischen Fachkräften und Lehrpersonen in der Praxis in seiner emotionalen Dimension fachlich einschätzen und professionell ansprechen

Boll/Remsperger-Kehm (2021) befragten zu diesem tabuisierten Thema sowohl berufsbegleitend Studierende im Studiengang ‚Bildungs- und Sozialmanagement' mit Berufserfahrung bzw. Leitungserfahrung in Kindertageseinrichtungen sowie Studierende der Kindheitspädagogik, die erste Erfahrungen in der pädagogischen Arbeit in Kindertageseinrichtungen sammelten.

Das Forscherinnenteam gab in ihrer Forschungsarbeit zu erinnertem verletzendem Verhalten pädagogischer Fachkräfte in Kindertageseinrichtungen den Befragten Raum, ihre Gefühle zu äußern und die Befragten entschieden mehrheitlich, sich darauf einzulassen, um damit Veränderungsprozesse in Theorie und Praxis anzustoßen:

Die emotionale Seite

In der Befragung zeigt sich, dass Studierende der Kindheitspädagogik häufiger Gefühle benennen als die berufsbegleitend Studierenden. Insbesondere berichten die Studierenden der Kindheitspädagogik von einer ersten Reaktion auf ein von ihnen erlebtes verletzendes Verhalten pädagogischer Fachkräfte an Kindern als Schock. Dieses Gefühl kommt bei den berufsbegleitenden Studierenden kaum auf.

Das Gefühl der Hilflosigkeit folgt bei Studierenden der Kindheitspädagogik auf den Schock. Hilflosigkeit erleben jedoch auch die berufsbegleitend Studierenden in starkem Maße: „Hilflosigkeit offenbart sich in vier Ausprägungen, deren verbindendes beziehungsweise übergeordnetes Merkmal das Alleinsein darstellt. Die befragten Fachkräfte fühlen sich alleine in der Ohnmacht, haben Angst vor der eigenen Ausgrenzung, müssen das eigene Unwohlsein alleine ertragen und empfinden alleine Mitgefühl für das Kind." (Boll/Remsperger-Kehm 2021, 57)

Eine Studentin der Kindheitspädagogik erinnert sich: „Das Schlimmste aber ist das Gefühl, dass ich weiß, was gerade hier passiert, ich weiß, was es auslösen kann und ich fühle mich, als seien meine Hände gebunden – da ich ‚nur' Praktikantin bin ohne professionelle Einsicht und Meinung" (Boll/Remsperger-Kehm 2021, 57). Sie ist der Ansicht, dass es ihr der Praktikant*innen-Status verwehrt, Stellung zu beziehen.

Dieses Gefühl, nichts tun zu können, beschlich in gleicher Weise auch eine Fachkraft im berufsbegleitenden Studiengang, die sich an ihre Zeit als Berufsanfängerin erinnert: „Zu Beginn war ich überfordert mit der Situation, ich war neu im Beruf und wusste nicht wie und bei wem ich diese Launen ansprechen sollte. Ich fühlte mich hilflos und allein gelassen." (Boll/Remsperger-Kehm 2021, 57)

Und: Dies verdeutlicht die Untersuchung von Boll/Remsperger-Kehm (2021), das Gefühl der Hilflosigkeit löst sich auch nicht im Laufe des Berufslebens als pädagogische Fachkraft in einer Kindertagesstätte quasi von selbst auf, wie diese Erinnerung einer berufsbegleitend studierenden pädagogischen Fachkraft zeigt: „Diese Zeit war frustrierend und ich habe mich machtlos in der Veränderung der pädagogischen Arbeit gefühlt." (Boll/Remsperger-Kehm 2021, 57)

Die Befragten berichten von einem Gefühl der Angst, das sich darauf bezieht, sich unbeliebt zu machen, die berufliche Zukunft zu beeinträchtigen. Auch Angst um die Kinder treibt die Befragten um. Die Befragten erinnern sich an ihre körperlichen Gefühle großer Anspannung und ständiger Unruhe. Sie berichten davon, dass sie dem seelisch verletzten Kind gegenüber Mitgefühl empfanden. Sie empfinden auch Trauer sich selbst gegenüber und Mitleid gegenüber der pädagogischen Fachkraft, die verletzend aufgetreten war.

Sowohl die Studierenden der Kindheitspädagogik als auch die Studierenden im berufsbegleitenden Studiengang berichten von einem Gefühl der Scham. Sie schämen sich über ihr eigenes verletzendes Verhalten: Eine Kindheitspädagogikstudentin bedenkt ihr eigenes Versagen: „Wenn ich mich selbst dabei erwische, dass ich verletzende Verhaltensweisen ausübe, schäme ich mich sehr. Ich bin dann enttäuscht von mir, weil ich es besser weiß, als mich so zu verhalten." (Boll/Remsperger-Kehm 2021, 59) Eine berufsbegleitend studierende pädagogische Fachkraft gibt an: „In den Situationen, in denen ich bei mir selbst verletzendes Verhalten an anderen festgestellt habe, war es am Ende immer Wut, Verzweiflung und Scham über diese Grenzüberschreitung." (Boll/Remsperger-Kehm 2021, 59)

Die Scham gilt aber auch dem eigenen Bystandertum, so eine berufsbegleitend Studierende: „Manchmal schien es auch einfacher, nichts zu hören und/oder zu sehen. Dies hinterließ aber immer wieder ein Gefühl der Scham und auch des Verrates der Person gegenüber, die dann diese verletzende Verhaltensweise ertragen musste." (Boll/Remsperger-Kehm 2021, 59 f)

Die Befragten fühlen sich hin- und hergerissen, zwischen dem Impuls zu handeln und dem Impuls, eine Intervention zu unterlasen. Boll/Remsperger-Kehm (2021) belegen diese Gefühlsmelange mit dem Begriff der „Gratwanderung" (60). Gratwanderungen erleben sowohl die angehenden Kindheitspädagog*innen als auch berufsbegleitend Studierende. Eine Kindheitspädagogik studierende, angehende pädagogische Fachkraft schildert ihr Dilemma so: „Ich fühlte mich hilflos, da ich zunächst unschlüssig war, wie ich angemessen reagieren kann ohne meine Kollegin anzugreifen." (Boll/Remsperger-Kehm 2021, 61) Eine berufsbegleitend Studierende beschreibt ebenfalls ein Gefühl von Verwirrung, das nicht durch Handeln aufgelöst wird: „Immer wieder die Frage, ab wann greife ich ein und wo warte ich ab." (Boll/Remsperger-Kehm 2021, 60)

Auch Gefühle von Wut und Unverständnis kommen noch einmal auf, wenn die Befragten sich an verletzendes Verhalten pädagogischer Fachkräfte gegenüber Kindern in Kindertageseinrichtungen erinnern. Diese Gefühle können in Frustration münden, zuweilen auch in Verachtung. Eine berufsbegleitend Studierende formuliert es so: „Irgendwann wurde ich wütend, ich habe diese Frau so verachtet und konnte es kaum aushalten mit ihr in einem Raum zu sein." (Boll/Remsperger-Kehm 2021, 61)

Bei der Auswertung der Befragungen zeigt sich, dass das Gefühl der Ohnmacht die zentrale und häufigste Subkategorie darstellt.

Unterlassen

Zu dem Gefühl der Ohnmacht passt auf der Handlungsebene, dass sich die Bereitschaft, aktiv zu werden, selten ausprägt. Boll/Remsperger-Kehm (2021) umschreiben die ihnen geschilderten Verhaltensweisen mit dem Bild von den „drei Affen" (63), die das Sehen, Hören und Sprechen verweigern. Zwei Drittel der Studierenden der Kindheitspädagogik und ein Viertel der berufsbegleitend Studierenden berichteten davon, diese Haltung beobachtet bzw. selbst eingenommen zu haben. Hier greifen vermutlich auch Hierarchie- und Abhängigkeitsverhältnisse. Die Studierenden der Kindheitspädagogik erwarten zurecht von den sie anleitenden pädagogischen Fachkräften eine Vorbildfunktion und erleben stattdessen, dass auch Kolleg*innen nichts zu der Situation sagen, selbst wenn sie das Verhalten nicht akzeptieren (vgl. Boll/Remsperger-Kehm, 2021, 64 f).

Verletzendes Verhalten professionell ansprechen

Nach dieser Untersuchung gelingt es erfahrenen pädagogischen Fachkräften eher, eine verletzende Handlungsweise zumindest anzusprechen. Dabei scheitern sie jedoch nicht selten an der Einrichtungsleitung. Eine berufsbegleitend Studierende berichtet: „In einem Gespräch mit der Leitung des Hauses, vertraute ich ihr meine Beobachtungen an. Daraufhin geschah nichts." (65) Oder, so eine berufsbegleitend studierende pädagogische Fachkraft im Rückblick: „Vorkommnisse werden häufig erst verfolgt, wenn Eltern sich beschweren." (67) Boll/Remsperger-Kehm (2021) resümieren zu dieser Problematik: „Gerade Fachkräfte, die sich trauen, das verletzende Verhalten anzusprechen, erfahren als Reaktion, dass dieses erklärt, verteidigt, verharmlost, beschönigt oder die Einschätzung der beobachtenden Fachkraft als übertrieben bewertet wird." (67)

Wenn pädagogische Fachkräfte den Eindruck gewinnen, dass sie mit ihren berechtigten Einwänden nicht gehört werden, kommt es zu Resignation und Unterlassen bzw. zu Kündigung und Stellenwechsel (70 f).

Gerade in herausfordernden Gesprächen können unterschiedliche Gefühle aufkommen. Um vorher für sich selbst Klarheit zu schaffen, sollten Gespräche auch kommunikationstheoretisch fundiert werden.

Grundsätzlich ist es hierbei hilfreich, sich mit Grundlagen der Kommunikation vertraut zu machen. Hierfür bietet das Vier-Seiten-Modell nach Friedemann Schulz von Thun (2020) einen geeigneten Ausgangspunkt. Schulz von Thun reduziert den hochkomplexen Vorgang der Kommunikation auf ein vereinfachtes Sender*in-Empfänger*in-Schema. Wesentliche Aspekte von Kommunikation können so deutlich hervortreten. Dies kann förderlich sein, um gerade in Konfliktgesprächen zu gemeinsamen Lösungen zu kommen. Schulz von Thun versteht sein Modell als eine „Einführung in die Kunst der Metakommunikation" (20). Metakommunikation ermöglicht es, einem Teufelskreis aus missverständlichen Äußerungen und problematischem Widerspruch in einer Kommunikation durch die Reflexionsfrage ‚Wie reden wir eigentlich miteinander?' entgegenzuwirken. Die wesentlichen Aspekte des Kommunikationsmodells nach Schulz von Thun (2020) lassen sich wie folgt visualisieren und zusammenfassen:

Abbildung 5: Eigene Darstellung in Anlehnung an Schulz von Thun (2020), Vier-Seiten-Modell der Kommunikation

Die sendende Person, so Schulz von Thun (2020, 67 ff) ist eine Person, die etwas verbal äußert. Bevor dies geschieht, spielen sich im Inneren Fantasien, Bilder und Gefühle ab, welche einen Einfluss auf die Äußerung haben. Dies passiert häufig unbewusst und kann sich in der Äußerung widerspiegeln. Damit es zu einer Äußerung kommt, muss der Sender bzw. die Senderin ein Gefühl, ein Anliegen eine Frage oder einen Wunsch in Sprache übersetzen. Dieser Vorgang wird als ‚Kodieren' bezeichnet. Für gewöhnlich dauert dieser Prozess bei Erwachsenen Millisekunden. Ausgesprochen erreicht die Botschaft nun den Empfänger oder die Empfängerin. Im Prozess des ‚Dekodierens' übersetzt die empfangende Person die Äußerung für sich, indem sie es mit eigner Bedeutung, eigenen Bildern, Assoziationen und Erlebtem verknüpft. Im Gespräch sind die Positionen von sendender und empfangender Person miteinander verwoben und kreisförmig aufeinander verwiesen.

Schulz von Thun (2020) unterscheidet nun vier verschiedene Ebenen, auf denen gesendet (27 ff) bzw. empfangen (48 ff) wird:

1. Auf der *Sachebene* werden Informationen, Argumentationen und der Sachinhalt geäußert.
2. Auf der *Appellebene* verfolgen Äußerungen immer auch die Absicht, etwas beim Empfänger bzw. bei der Empfängerin zu bewirken. Ein Appell kann dabei offen und direkt formuliert werden, aber auch im Gesprochenen implizit mitschwingen.
3. Zugleich wird bei jeder Äußerung auch die *Beziehungsebene* angesprochen. Die sendende Person gibt kund, wie sie zu ihrem Gegenüber steht. Dies kann direkt verbal, aber auch nonverbal geschehen. Die empfangende Person nimmt diese Ebene hellhörig wahr. Hier kann es bei der sendenden und auch bei der empfangenden Person Vorlieben für bestimmte Sende- bzw. Empfangsebenen geben. So kann man beispielsweise auf der Ebene der Selbstkundgabe senden, die Botschaft jedoch wird auf der Beziehungsebene vernommen. Weiter unten wird hierfür ein Beispiel gegeben. Im beruflichen Kontext ist es aufschlussreich, hinsichtlich der Beziehungsebene zu differenzieren. Benien (2019, 28), der sich auf die Arbeiten von Schulz von Thun bezieht, unterscheidet hier zwischen Basisbeziehung, Rollenbeziehung und Kompetenzbeziehung:
   - <u>Basisbeziehung:</u> Auf der persönlichen/menschlichen Ebene stellt sich die Frage: Was halten wir voneinander? Mögen wir uns, sind wir uns gleichgültig, rivalisieren wir usw.?
   - <u>Rollenbeziehung:</u> Auf der hierarchischen Ebene wird gefragt: Wer ist weisungsbefugt und wer hat wem was zu sagen?
   - <u>Kompetenzbeziehung:</u> Auf der sachlich/fachlichen Ebene steht die Frage im Vordergrund: Wer hat vor wem welchen Wissensvorsprung?
4. Bei der *Selbstkundgabe* gibt die sendende Person gewollt oder ungewollt etwas von sich preis. Hierbei kann die Gefühlslage betont werden. Der Sender oder die Senderin kann sich aber andererseits auch stark zurücknehmen. In jedem Fall erzielt die sendende Person eine Außenwirkung.

Schulz von Thun (2020) betont: Ebenso wie die sendende Person ihre Äußerungen auf den vier Ebenen unterschiedlich stark betonen kann (27 ff), kann auch bei der empfangenden Person jede Ebene als unterschiedlich stark betont wahrgenommen werden. Wenn der Sender oder die Senderin mit *vier Mündern* gleichzeitig spricht, hört der Empfänger bzw. die Empfängerin mit *vier Ohren* zu (48 ff).

Zur Veranschaulichung soll hier ein Beispiel eingebracht werden:

Eine Studentin der Kindheitspädagogik absolviert seit neun Wochen ihr Praxissemester in der Bildungseinrichtung Krippe. Die Beziehung zu ihrer Anleitung ist angenehm und für den Zeitraum vertraut. Nun beobachtet die Studentin ein verletzendes Verhalten der Anleitung gegenüber einem Kind. Sie sucht das Gespräch mit ihr und sagt: „Ich möchte mit Ihnen über einen Vorfall sprechen." Sie sendet auf den vier Ebenen folgende Botschaften und betont die Selbstkundgabe:

- *Sachaussage:* Es hat sich ein Vorfall ereignet. Ich möchte mit Ihnen darüber sprechen.
- *Appell:* Bitte nehmen Sie sich Zeit für mein Anliegen.
- *Selbstkundgabe:* Ich bin irritiert.
- *Beziehungskundgabe:* Ich vertraue Ihnen und spreche Sie deshalb jetzt direkt an.

Die Anleiterin nimmt die Aussage auf den vier Ebenen wahr. Ihr Beziehungs-Ohr ist sehr ausgeprägt.

- *Sach-Ohr:* Es hat sich ein Vorfall ereignet.
- *Appell-Ohr:* Ich soll jetzt sofort ein Gespräch führen.
- *Selbstkundgabe-Ohr:* Ich bin unsicher, was da auf mich zukommt.
- *Beziehungs-Ohr:* Ich werde kritisiert.

Unter Zeitdruck ist es schwierig, von der direkten Kommunikation in die Metakommunikation zu wechseln. Dies könnte hier jedoch hilfreich sein. Denn in dieser Kommunikation zwischen Studentin im Praktikum und Anleiterin gibt es verbindende und trennende Elemente. Die verbindenden Elemente sind, dass sich beide auf der Sachebene professionell über einen Vorfall Klarheit verschaffen müssen, um mögliche Fehler zu korrigieren und hieraus für zukünftige Fälle lernen zu können. Auch auf der Appellebene ist man sich einig, dass ein Fachgespräch ansteht. Als trennend wirkt, dass die Irritation der Studentin nicht als deren Selbstkundgabe gewertet wird, sondern von der Anleiterin auf der Beziehungsebene als Bedrohung der Beziehung aufgefasst wird. Die Beziehungskundgabe der Studentin, die Vertrauen dadurch zum Ausdruck bringt, dass sie aktiv das Gespräch sucht, wird hier überhört.

Für Gespräche, von denen man annehmen kann, dass sie für beide Seiten nicht leicht sein werden, sollte auf jeden Fall ein ruhiges und geschütztes Setting aufgesucht werden, damit Metakommunikation, die nach Gemeinsamkeiten sucht, um Sachfragen angemessen miteinander zu bearbeiten, eine Chance bekommt. Mögliche Differenzen können so angesprochen und geklärt werden.

Benien (2019) greift den Ansatz von Schulz von Thun auf und entwickelt ein Modell für „Beratungs-, Kritik- und Konfliktgespräche im Berufsalltag“, so der Buchtitel.

Nach Benien (2019, 47) durchlaufen strukturierte Gespräche in beruflichen Kontexten idealtypisch fünf Phasen: Die Anfangsphase, die Informationsphase, die Argumentationsphase, die Beschlussphase und die Abschlussphase. Benien (2019) plädiert dafür, gerade schwierige Gespräche einzurahmen durch eine sorgfältige Vorbereitung und eine ebenso sorgfältige Nachbereitung.

Nach Benien (2019) sollten sechs Aspekte der Vorbereitung für ein schwieriges Gespräch im Vorfeld bedacht werden. Zurecht wirbt er dafür, dass eine gute Vorbereitung dazu beitragen kann, dass man selbstsicherer in ein Gespräch hineingeht, die Anliegen des Gegenübers fair im Blick behält und dazu beitragen kann, den Weg für gemeinsam getragene, angemessene Entscheidungen anzubahnen. Bei Benien (2019) findet das Vier-Seiten-Modell der Kommunikation nach Schulz von Thun Anwendung.

Die sechs Aspekte der Vorbereitung von Konfliktgesprächen nach Benien (2019) sind hier dem Sinn nach wiedergegeben:

1. Den Anlass klären und die richtige Gesprächsperson suchen
2. Selbstklärung
3. Identifikation mit der Gesprächsperson
4. Gedankliches Durchgehen des Gesprächs
5. Rahmen klären und organisieren
6. Sich Gedanken über die Gesprächseinladung machen

Die bedenkenswerten Hinweise, die Benien (2019) zu diesen sechs Aspekten jeweils gibt, sollen um der leichteren Lesbarkeit willen im Folgenden sinngemäß in Form einer Checkliste wiedergegeben werden. Die Hinweise werden in der Tabelle um erklärende Kommentare ergänzt:

1. Den Anlass klären und die richtige Gesprächsperson suchen	
Kommentar: Zunächst geht es um eine Abklärung, wozu ich aus welchen fachlichen und ethischen Gründen heraus überhaupt verpflichtet bin und wozu ich mich selbst verpflichtet habe.	**Check** ☐
• Wer hat Gesprächsbedarf? • Welche Beweggründe kann ich anführen? • Ist das Gespräch notwendig? • Will ich das Gespräch führen? • Muss ich das Gespräch führen? • Soll ich die Perspektive anderer zuvor einbeziehen? • Wer ist die richtige Ansprechperson? • Ist ein Zweiergespräch oder ein Gruppengespräch das richtige Setting?	

↓

2. Selbstklärung	
Kommentar: Ein sehr wichtiger Bereich der Vorbereitung von Konfliktgesprächen besteht in der Selbstklärung auf allen vier Gesprächsebenen.	**Check** ☐
Sachebene: **Was** habe ich der Gesprächsperson zu sagen? • Thema/Themen • Rangfolge • Dimensionen der Thematik (Erscheinungsformen, Konsequenzen) • Meine fachliche, ethische Position • Meine fachlich und ethisch fundierten Argumente ***Appellebene:*** Was ist mein **Gesprächsziel**? • Verfolge ich möglicherweise mehrere Ziele gleichzeitig? • Sind meine inneren Ziele miteinander vereinbar? • Wie würde ich auf das zentrale Ziel zugehen? • Was sollte meine Gesprächsperson tun oder unterlassen? • Welche Stärken und Potenziale zur Zielerreichung kann ich bei der Gesprächsperson erkennen? • Wie kann ich das Ziel präzise und konkret formulieren? • Wie kann ich erfahren, ob ich verstanden wurde? • Welcher Zeitrahmen sollte für die Zielerreichung gesetzt werden? • Kann es ein gemeinsames Ziel geben? ***Selbstkundgabe:*** Welche **Bedeutung** haben die Inhalte, die mich zu einem Gespräch veranlassen, **für mich**? • Wie erlebe ich die Auslöser-Situation? • Welche Gefühle sind berührt? Warum und wodurch? • Spielen möglicherweise Projektionen, Überempfindlichkeiten, Vorurteile, die Meinung anderer eine bedeutende Rolle bei der Einschätzung der Gesprächsperson? • Bin ich bereit mitzuhelfen, den Konflikt angemessen und friedlich zu lösen? • Bin ich bereit, für meine Überzeugungen mit angemessenen Argumenten einzutreten? ***Beziehungsebene:*** Was habe ich der **Gesprächsperson** zu sagen? • Wie sehe ich die Gesprächsperson? • Wie sehe ich unsere Beziehung (von Ähnlichkeit geprägt, von Gegensätzlichkeit geprägt, von hierarchischen Rollenzuschreibungen geprägt)? • Welche Beziehungsthemen herrschen vor (Macht, Rache, Verantwortung, Ablehnung, Vorsicht, Nachsicht etc.)? • Welche offenen oder verdeckten Beziehungsregeln herrschen vor? • Kann ich Beziehungsfallen ausmachen (leise-treten, schmeicheln, nett-aber unverbindlich-sein)? • Mache ich der Gesprächsperson innerlich Vorwürfe? Aus welchem konkreten Anlass? • Welche Interessen und Bedürfnisse könnte ich bei der Gesprächsperson bedrohen? • Wie trage ich dazu bei, dass die Gesprächsperson ihre Würde wahren kann?	

3. Identifikation mit der Gesprächsperson	
<u>Kommentar:</u> Auch im Konflikt sollte es möglich sein, sich ansatzweise in die Situation der Gesprächsperson, mit der man ein Konfliktgespräch führen möchte, zu versetzen. Wenn dies nicht möglich ist, empfiehlt es sich, Beratung oder Supervision in Anspruch zu nehmen, um abzuklären, welche eigenen abgelehnten Anteile der andere mir aufzeigen könnte.	**Check** ☐
• Wie wird die Gesprächsperson das Thema sehen? • In welcher Stimmung wird sie sein? • Was könnte den Konflikt vertiefen? • Wie sieht die Gesprächsperson die Beziehung? • Was könnte die Gesprächsperson von mir erwarten?	

4. Gedankliches Durchgehen des Gesprächs	
<u>Kommentar:</u> Es stärkt die Selbstsicherheit, das Vorgehen im Gespräch gedanklich einmal vorwegzunehmen.	**Check** ☐
• Wie kann ich dazu beitragen, dass eine angemessene Arbeitsatmosphäre entsteht? • Welches Vorgehen ist im Gespräch zielführend? • Welche Reaktionen erwarte ich? • Welche Argumente kann ich anführen? • Welche Schwierigkeiten können auftreten und wie will ich damit umgehen?	

5. Rahmen klären und organisieren	
<u>Kommentar:</u> Ein guter Gesprächsrahmen wirkt sich positiv auf die Gesprächsatmosphäre aus.	**Check** ☐
• Wann ist der geeignete Zeitpunkt für ein Gespräch? • Wie viel Zeit werden wir benötigen? • In welchen Räumlichkeiten findet das Gespräch statt (Heimspiel oder neutraler Boden)? • Sind Möglichkeiten der Visualisierung vorhanden (Flipchart, Klemmblock, Tafel)? • Wie können Störungen vermieden werden?	

6. Sich Gedanken über die Gesprächseinladung machen	
<u>Kommentar:</u> Wer Gesprächsbedarf anmeldet, übernimmt bewusst einen Teil der Verantwortung für den Start in ein Gespräch. Bei einer Gesprächsverweigerung müssen andere Möglichkeiten in Erwägung gezogen werden, um eine fachlich und ethisch angemessene Konfliktlösung zu erreichen.	**Check** ☐
• Wie melde ich den Gesprächsbedarf an? • Welche Informationen gebe ich vorab? • Wie vermeide ich, dass die Gesprächsperson überrumpelt wird? • Wie gehe ich mit einer Ablehnung um?	

Abbildung 6: Eigene Darstellung in Anlehnung an Benien (2019), Checkliste zur Vorbereitung eines schwierigen Fachgesprächs

Bezogen auf das Thema des beobachteten verletzenden Verhaltens einer pädagogischen Fachkraft oder einer Lehrkraft gegenüber einem Kind bedeutet dies:

1. Den Anlass klären und die richtige Gesprächsperson suchen

Der Anlass für das Gespräch ergibt sich in diesem Fall aus dem beobachteten verletzenden Verhalten. Im Vorfeld sollten u. a. Fragen nach den Beweggründen und den möglichen Folgen des Gesprächs abgeklärt werden (Benien 2019, 50).

Je nach Art der Grenzüberschreitung gegenüber dem Kind variiert die richtige Ansprechperson. Wurde ein kindeswohlgefährdendes Verhalten einer pädagogischen Fachkraft gegenüber einem Kind wahrgenommen, so sollte ein Gespräch mit der Leitung der Kindertageseinrichtung gesucht werden. Sie sollte in der Lage sein, adäquat und zum Wohle des Kindes zu handeln. In diesem Fall ist es zudem sinnvoll auch noch mit einer fachlich versierten Vertrauensperson in der Hochschule oder Fachschule zu sprechen, um die fachliche Einordnung des Beobachteten zu präzisieren. Dies können Professor*innen, Lehrende, Tutor*innen oder Studierende in einem höheren Semester sein.

Bei anderen Fällen von verletzendem Verhalten ist die betroffene pädagogische Fachkraft bzw. die Lehrkraft die richtige Ansprechperson.

2. Selbstklärung

Die Selbstklärung dient dazu, sich vor Augen zu führen, wie der eigene Beitrag im Konfliktgespräch aussehen könnte. Dabei kann es hilfreich sein, die einzelnen Ebenen des Vier-Seiten-Modells näher anzuschauen. Auf jeder Ebene können Herausforderungen auftauchen. Durch eine entsprechende Vorbereitung können diese gemindert werden.

2.1 Die *Sachebene* befasst sich mit der eigenen Argumentation anhand einer nachvollziehbaren Begründung. Das beobachtete Verhalten sollte dabei sachlich anhand von konkreten Situationen dargestellt werden. Ziel dabei ist es, das Wesentliche festzuhalten, Folgen des Verhaltens aufzuzeigen und seinen eigenen Standpunkt zu festigen. Gerade bei verletzendem Verhalten sollten folgende Punkte, die Benien (2019) aufführt, thematisiert werden. „Häufigkeit, Ausdrucksform, situativer Kontext und Konsequenzen“ (52) des Verhaltens. Er bezieht sich dabei auf das Sozialverhalten im Allgemeinen. Doch in den hier thematisierten Fällen kann auch *ein* verletzendes Verhalten für Kinder weitreichende Folgen haben. Das bedeutet, dass die Häufigkeit nicht gegeben sein muss, damit das Ansprechen eines solchen Verhaltens gerechtfertigt ist. Umso wichtiger ist es, die Ausdrucksform und den situativen Kontext sachlich darzustellen. Wie wurde das verletzende Verhalten ausgeübt? In welcher Situation konnte es beobachtet werden? Was geschah davor und danach? Wer war beteiligt? Welche

Konsequenzen können dabei für das Kind bzw. die Kinder entstehen? Die Klärung dieser Fragen kann dabei unterstützen, sich selbst eine Argumentationslinie für das Konfliktgespräch zu schaffen, die wichtigsten Punkte zu sammeln und sich klar auszudrücken.

2.2 Durch einen *Appell* soll etwas bei unserem Gegenüber bewirkt werden. In der Gesprächsvorbereitung wird demnach gefragt: Welche Ziele werden mit diesem Gespräch verfolgt und wie können sie erreicht werden? Daher ist es ratsam, im Vorhinein Empfehlungen, Wünsche oder einen berechtigten Anspruch auszuformulieren. So wird es einem im Laufe des Gesprächs leichter fallen, diese klar zu äußern. Einen Appell an jemanden zu richten, ist immer auch ein Risiko. Bei der Gesprächsperson könnte ein Appell als ungefragter Ratschlag ankommen oder als Machtfrage missverstanden werden, was eine „Einmauerung", so Benien (2019, 58 f), zur Folge haben kann.

Letztlich kann diese Schwierigkeit des Missverstehens durch fachlich treffende Argumente, die sachlich vorgetragen werden, abgemildert werden. Wenn Praktikant*innen ein verletzendes Verhalten ansprechen, dann wurde möglicherweise eine gesetzliche Grundlage nicht eingehalten. Sich vorher zu informieren, welcher Paragraf oder welche Konvention verletzt wurde, bietet eine solide Grundlage für die Argumentation. So kann man im Gespräch stellvertretend für das Kind auf diesen gesetzlichen Anspruch verweisen. Auf moralische Vorwürfe soll laut Benien (2019, 59) verzichtet werden. Hier hilft es, das Beobachtete zutreffend darzulegen.

Weiterführende Fragen auf der Appell-Ebene, so Benien (2019, 58 f), sind: „Wie würde ich selbst das Problem lösen?", „Welche Wünsche und Forderungen habe ich an den anderen (minimal – maximal)?" „Was soll er tun oder lassen? Welche Stärken hat der Gesprächspartner und welche Potenziale kenne ich von ihm, die ihm bei der Bewältigung des Problems helfen könnten?", „Wie kann ich mich unmissverständlich ausdrücken und wie kann ich feststellen, ob meine Wünsche richtig verstanden wurden?" oder „Was soll bei dem Gespräch herauskommen?"

2.3 Auf der Ebene der *Selbstkundgabe* ist, bezogen auf das Thema des verletzenden Verhaltens Professioneller in Bildungsinstitutionen den ihnen anvertrauten Kindern gegenüber, zu bedenken, dass die eigenen biografischen Erfahrungen auf das Erkennen und Einschätzen von beobachtetem Verhalten Einfluss haben könnten. An dieser Stelle hat man die Chance, noch einmal für sich zu klären, wie man die einem Kind gegenüber verletzende Situation erlebt und was sie in einem ausgelöst hat. Dies kann in Beratung oder Supervision näher aufgearbeitet werden. Hier jedoch geht es erst einmal darum, zu verstehen, dass Gefühle ausgelöst werden, die mit eigenen biografischen Erfahrungen zu tun haben. Insofern ist es förderlich, sich an konkret beobachtete Sachverhalte und fachliche sowie ethische Standards zu halten. In erster Linie sollte es um das Kind gehen und darum, zu einer professionellen Reflexion über verletzendes Verhalten anzuregen.

Die eigenen Gefühle, die aufgrund eigener biografischer Erfahrungen ausgelöst werden, sollten bei sich selbst respektiert werden. Sie sollten jedoch nicht das Konfliktgespräch selbst bestimmen. Um hier innerlich geordnet in ein Konfliktgespräch gehen zu können, ist eine intensive Vorbereitung wichtig.

2.4 Laut Benien (2019, 54 ff) ist es für eine sorgfältige Gesprächsvorbereitung auch hilfreich, die *Beziehung*sebene in den Blick zu nehmen. Gerade bei schwierigen Gesprächen sollte auf eine angemessene Arbeitsatmosphäre geachtet werden.

Die Rollenproblematik und das Machtgefälle sind hierbei zu reflektieren. Studierende berichten häufiger, dass sie sich als Praktikant*in nicht immer ernstgenommen fühlen. Grundsätzlich kommen die Studierenden und Fachschüler*innen in die Kindertageseinrichtungen und in die Grundschule, um Einblicke zu gewinnen, in den fachlichen Austausch zu gehen, das Verhältnis von Theorie und Praxis auszuloten und an der Weiterentwicklung des eigenen beruflichen Habitus zu arbeiten. Auch wenn sich Studierende und Fachschüler*innen noch in der Praktikumsphase befinden, kann und sollten ihre Fragen, Anmerkungen und auch ihre Kritik wahrgenommen und wertgeschätzt werden. Denn von einem gegenseitigen auch kritischen Austausch können alle profitieren. Umso wichtiger sind im Konfliktfall eine sachliche Darstellung des Beobachteten sowie eine schlüssige Argumentation, mit welcher Kritik begründet werden kann.

Je nach Art und Stabilität einer Beziehung wird Kritik anders angenommen. Daher kann die Art der Beziehung hinderlich oder förderlich für diese Art von Gespräch sein. Innerhalb einer Woche ist es natürlich unrealistisch, zu erwarten, dass eine stabile Beziehung zu pädagogischen Fachkräften bzw. Lehrkräften aufgebaut werden könnte. Dennoch kann man in dieser Zeit einschätzen, wie die Kurzzeit-Kolleg*innen zu einem stehen, beispielsweise durch die Reflexion kleiner Gespräche, welche im Verlauf der Woche stattgefunden haben. Konnte man z. B. feststellen, dass die pädagogische Fachkraft kritikempfindlich wirkt, so kann bei einer Gesprächsvorbereitung darauf Rücksicht genommen werden. Benien (2019, 57) warnt: „Wird hier unbedacht bestimmtes Verhalten beanstandet, so verschließen sich diese Menschen, gehen in aktiven oder passiven Beziehungsstreik, blocken ab, erfinden Ausreden oder suchen spitzfindige Gegenargumente." Sollten im Vorfeld Konflikte mit der pädagogischen Fachkraft bzw. der Lehrkraft entstanden sein, können diese zu Beginn des Gespräches aufgegriffen werden, um klare Verhältnisse zu schaffen.

3. Identifikation mit dem Gesprächspartner oder der Gesprächspartnerin

Vor dem Gespräch sollte man einen Perspektivwechsel einnehmen, um zu versuchen die Situation aus der Sicht der pädagogischen Fachkraft zu sehen. Sollte die

Perspektivübernahme nicht gelingen, könnte das nach Benien (2019, 62) daran liegen, dass die pädagogische Fachkraft bzw. Lehrkraft einer Person ähnelt, mit der man negative Erfahrungen gemacht hat. Es könnte auch sein, dass die Person, die man im Konfliktgespräch ansprechen möchte, an eigene ungeliebte innere Anteile erinnert. Das könnte zu einer gefühlsmäßigen, unberechtigten Ablehnung führen. Hier zeigt sich, wie wichtig im Studium, Ausbildung und auch in der beruflichen Tätigkeit eine regelmäßige Beratung bzw. Supervision zur Reflexion der eigenen biografischen Erfahrung sein kann.

Beim Versuch, sich ansatzweise in die Situation der Gesprächsperson hineinzuversetzen, kann gefragt werden: Unter welcher Belastung stand sie gerade? Was ist davor passiert? Wie waren die strukturellen Gegebenheiten? Hat die pädagogische Fachkraft bzw. die Lehrkraft im Nachhinein auf das verletzende Verhalten reagiert? Wenn ja, wie? Welche Ansicht könnte hinter dem verletzenden Verhalten gestanden haben? Welche Argumente könnten geäußert werden? Hierbei geht es darum, ein Verständnis aufzubauen. Es geht jedoch keinesfalls darum, unfachliches Verhalten in irgendeiner Weise zu rechtfertigen.

Ferner kann auf der Beziehungsebene gefragt werden: Wie sieht die pädagogische Fachkraft bzw. die Lehrkraft mich als Praktikant*in?

Die Beantwortung dieser Fragen soll dazu beitragen, sich auf die mögliche Perspektive der Gesprächsperson einzustellen. Mögliche Argumente können in Ruhe bedacht und gegenüber den eigenen Argumenten abgewogen werden. Wie bereits dargestellt, gibt es nach Nürnberg (2018) eine Vielzahl an Belastungsfaktoren, welchen pädagogischen Fachkräfte tagtäglich ausgesetzt sind. Aus Stresssituationen und Überforderungen können bewusste und unbewusste Grenzüberschreitungen resultieren. Bei allem Verständnis für die Situation von Fach- und Lehrkräften muss jedoch stets klar bleiben, dass problematisches Verhalten der Professionellen gegenüber Kindern aus fachlichen und ethischen Gründen als deutlich veränderungsbedürftig wahrgenommen werden muss. Verständnis kann helfen, dieses gemeinsame Ziel zu erstreben und zu erreichen. Verständnis darf jedoch nie dazu führen, dass dieses Ziel aufgegeben wird.

Beim *gedanklichen Durchgehen des Gesprächs*, so Benien (2919, 62 ff), entwickelt sich eine Vorstellung davon, wie der Austausch möglicherweise ablaufen könnte. Im Vorhinein kann man sich klarmachen, an welcher Stelle im Gespräch Schwierigkeiten auftreten, welche Dynamiken sich entwickeln, welche Argumente von der Gesprächsperson eingebracht und wie die eigenen Argumente vorgetragen werden könnten. Das Üben unterstützt zudem das selbstsichere Sprechen.

Die Verwendung von *Ich-Botschaften* sollte vor der Gesprächsanbahnung sorgfältig reflektiert werden. Dies empfehlen Schulz von Thun/Ruppel/Stratmann (2007, 98 f). Sie weisen auf die Möglichkeit hin, dass mit Ich-Botschaften auch verkappte *Du-Botschaften* ausgesendet werden können, nach dem Motto: ‚Also, ich finde, du solltest…'. Die verschleierte Du-Botschaft läuft Gefahr, in dieser Form per se auf Ablehnung zu stoßen. Das Autor*innen-Team plädiert dafür, genau abzuwägen, wann echte *Ich-Botschaften* verwendet werden sollten. Von sich zu sprechen, kann als unterstützend empfunden werden. Ein offener Auftakt für ein Konfliktgespräch zwischen Praktikant*in und Fach- oder Lehrkraft könnte so aussehen, dass das Macht- und Erfahrungsgefälle konkret angesprochen wird: „Mir fällt es schwer, ein Thema anzusprechen, weil ich Praktikant/Praktikantin bin und noch nicht so viel Praxiserfahrung habe. Andererseits beschäftigt mich das Thema innerlich sehr. Danke, dass ich es jetzt ansprechen darf." Darauf könnte dann eine konkrete Beobachtung folgen und eine erste sachliche und fachliche Einschätzung.

Ich-Botschaften sind voraussetzungsreich. Thun/Ruppel/Stratmann (2007, 98) beziehen sich auf Ruth Cohn, die Begründerin der Themenzentrierten Interaktion: „*Ich muss erst ‚ich' fühlen, bevor ich ‚ich' sagen kann.* Dieser Satz von Ruth Cohn besagt, dass die klare Aussprache von Ich-Botschaften eine innere Klärung voraussetzt und die Bereitschaft, mich und meine Gefühle zum Thema zu machen."

Es kann auch vom Thema ablenken, in einem Konfliktgespräch dieses ‚*Ich*' durch eine *Ich-Botschaft* zu einem herausgehobenen Thema zu machen. Eine *Du-Botschaft* kann durchaus kontaktfördernd wirken, so Thun/Ruppel/Stratmann (2007, 98): „Viele Menschen vermeiden diese Art der direkten Offenheit, da sie wissen, dass sich Du-Botschaften nicht nur konstruktiv, sondern auch destruktiv und verletzend auswirken können. Damit verpassen sie aber auch die Chance, die in der Du-Botschaft steckt, nämlich dass sie sich auch kontaktfördernd und dadurch sehr wertvoll auswirken kann." Im Hinblick auf das Ziel, welches im Konfliktgespräch vom Praktikanten bzw. von der Praktikantin angestrebt wird, kann ein klarer, gegenüber der Gesprächsperson respektvoll vorgetragener Appell als *Du-Botschaft* bzw. *Sie-Botschaft* angemessen sein.

Benien (2019, 63) empfiehlt, den *äußeren Rahmen* des Gesprächs bei der Gesprächsplanung einzukalkulieren. Es ist zu überlegen, an welchem Ort das Gespräch stattfinden könnte, zu welcher Zeit und wie lange es dauern könnte. Kinder, Eltern und Kolleg*innen sollten das Gespräch nicht mitanhören können. Auch Essens-, Bring- und Abholsituationen sind keine geeigneten Settings, um ein Konfliktgespräch zu führen. Als Orte, in denen man sich ungestört austauschen könnte, eigenen sich Pausenräume, Büros oder auch in der Kindertageseinrichtung der Gruppenraum nach der Abholung bzw. in der Grundschule ein leeres Klassenzimmer.

„Frühzeitige Terminabsprache und knappe Vorinformation über den gewünschten Gesprächsinhalt ist bei wichtigen Gesprächen ein faires Angebot des partnerschaftlich-kooperativen Umgangs", so Benien (2019, 63) Bei der *Gesprächseinladung* sollte der Grund für das gewünschte Gespräch kurz benannt werden, damit auch die Fachkraft oder Lehrkraft eine Vorstellung davon bekommen kann, worum es im Gespräch gehen wird. Für die pädagogische Fachkraft oder Lehrkraft kann eine solche Einladung überraschend sein, während sich die

Person, die um das Gespräch bittet, vielleicht schon seit mehreren Tagen mit dem Thema beschäftigt hat. Diese Diskrepanz sollte beachtet werden. Die Einladung kann noch innerhalb der Praxiswoche oder im Praxissemester ausgesprochen werden. Aber auch nach der Praxiszeit kann Kontakt aufgenommen werden, um Situationen, die einen noch beschäftigen, anzusprechen.

Bei einer Ablehnung des Gesprächs müssen andere Möglichkeiten in Erwägung gezogen werden, um eine fachlich und ethisch angemessene Konfliktlösung zu erreichen.

Die sechs Aspekte der Vorbereitung brauchen Zeit, welche inmitten des Alltags einer Kindertageseinrichtung nicht unbedingt gegeben ist. Denkbar ist auch, in der eigenen Pause die Aspekte im Schnelldurchlauf durchzugehen, um sich eine solide Grundlage für ein Gespräch zu schaffen. Zuvor in der Vorbereitung auf ein Praktikum ist es jedoch erforderlich, sich dies einmal an einem hypothetischen Beispiel zu veranschaulichen, damit das Ansprechen einer realen problematischen Situation, in dem verletzendes Verhalten von Fach- oder Lehrkräften gegenüber Kindern wahrgenommen wurde, eher möglich wird. Wenn eine akute Kindeswohlgefährdung beobachtet wurde, sollte umgehend das Gespräch mit der Leitung gesucht werden.

Die Nachbereitung eines Konfliktgesprächs

Nachdem das Gespräch geführt wurde, kann ein Durchdenken der Gesprächssituation sinnvoll sein. Ziel dabei ist, den Gesprächserfolg realistisch einzuschätzen. Bei der Reflexion nach Benien (2019, 67 ff) wird wiederum das Vier-Seiten-Modell von Schulz von Thun (2020) herangezogen. Benien hat für die Nachbereitung eines Konfliktgesprächs hilfreiche Reflexionsfragen festgehalten, die hier in einer weiteren Checkliste vorgestellt und mit Kommentaren versehen werden:

Sachebene	
Kommentar: Hier ist besonders wichtig, ob verdeutlicht werden konnte, dass verletzendes Verhalten von Fach- und Lehrkräften in Bildungsinstitutionen gegen die Rechte der Kinder verstößt und fachlich und ethisch nicht vertretbar ist.	**Check** ☐

- Habe ich meinen Standpunkt und meine Sichtweise verdeutlichen können?
- Habe ich den inhaltlichen Standpunkt und die Sichtweise meines Gesprächspartners oder meiner Gesprächspartnerin begriffen?
- Hat sich meine Sichtweise verändert? Wenn ja, was denke ich jetzt? Wenn nein, warum nicht? Liegt der andere wirklich völlig daneben?

Appellebene	
Kommentar: Hier ist zu fragen, ob der Appell angekommen ist, dass Kinderrechte eingehalten werden müssen.	**Check** ☐

- Habe ich meinen Appell klar ausdrücken können? (Wenn nein, warum nicht?)
- Habe ich mein Ziel formulieren können und hat mein Gesprächspartner bzw. meine Gesprächspartnerin es verstanden?
- Wie bin ich mit den (offenen bzw. verdeckten) Appellen des Gesprächspartners bzw. der Gesprächspartnerin umgegangen?
- Sind mir die Wünsche und Ziele meines Gesprächspartners bzw. meiner Gesprächspartnerin deutlich geworden?

Selbstkundgabe	
Kommentar: Hier ist zu fragen, wie ich selbst zur Einhaltung der Kinderrechte stehe.	**Check** ☐

- Welchen emotionalen Nachklang hat das Gespräch bei mir?
- Welche Gefühle verbinde ich mit der erzielten Lösung?
- Bin ich zufrieden mit der Art und Weise, wie ich mich gezeigt habe? Wenn nein, warum nicht? Was brauche ich jetzt noch?
- Was habe ich über meinen Gesprächspartner bzw. meine Gesprächspartnerin Neues gehört und verstanden?

Sachebene	
Kommentar: Auf dieser Gesprächsebene kann gefragt werden, wie mein eigener Beitrag, die Gesprächsperson für das gemeinsame Anliegen der Wahrung von Kinderrechten zu gewinnen, einzuschätzen ist.	**Check** ☐

- Wie hat sich unsere Beziehung im Gespräch entwickelt? Was ist mein Anteil daran und was ist der Anteil meines Gesprächspartners bzw. meiner Gesprächspartnerin?
- Mussten wir um die Beziehungsdefinition ringen?
- Welche Beziehungsangebote habe ich offen und/oder verdeckt abgelehnt und warum?
- Inwieweit stimmt für mich der jetzige Stand der Beziehung – oder will ich daran noch etwas ändern?

Abbildung 7: Eigene Darstellung in Anlehnung an Benien (2019), Checkliste zur Nachbereitung eines schwierigen Fachgesprächs

Bei der Bewertung des Konfliktgesprächs ist wichtig zu bedenken, dass selbst eine optimale Gesprächsvorbereitung und eine perfekte Gesprächsführung, die in der Realität wohl kaum vollumfänglich erreicht werden kann, nicht dazu führt, dass der Gesprächspartner oder die Gesprächspartnerin quasi automatisch beeindruckt und überzeugt ist. Hier gibt es keinen Mechanismus. Es gehört zur Freiheit in einem Gespräch, dass beide Gesprächspersonen das Gespräch jeweils nur zu 50 % gestalten können. Auch bei sehr guter Vorbereitung auf ein Gespräch lassen sich diese 50 % Gesprächsanteile nicht überschreiten. Die Gesprächsperson, die das Gespräch fachlich und ethisch zuvor angemessen bedacht und vorbereitet hat, muss sich klar machen, dass sie dennoch den Gesprächsverlauf nicht vollständig in der Hand haben kann und auch nicht in der Hand haben sollte. Es liegt im Gespräch zu 50 % beim Gesprächspartner oder der Gesprächspartnerin, was er oder sie aus dem Angebot macht.

Insofern ist es im Sinne eines demokratischen Umgangs mit Beschwerden richtig, die Leitung der Bildungseinrichtung zu kontaktieren, wenn bei verletzendem Verhalten gegenüber einem Kind keine fachlich und ethisch angemessene Lösung, die dem betroffenen Kind und auch der Einrichtung zugutekommt, gefunden werden konnte. Sollte auch die Leitung für diese Beschwerde nicht offen sein, sollten Leitungspersonen beim Träger der Einrichtung bzw. bezogen auf Grundschulen Leitungspersonen im jeweiligen Regierungspräsidium offen angesprochen werden. Bei diesen beiden Schritten ist es wichtig, dass die modulverantwortliche Professorin oder der modulverantwortliche Professor bzw. in der Fachschule die für die Durchführung des Praktikums verantwortliche Lehrkraft hier beratend hinzugezogen wird und Verantwortung übernimmt.

Auch in einer akuten Konfliktsituation handlungsfähig bleiben

In einer akuten Konfliktsituation ist ein ausführliches Konfliktgespräch nach Benien (2019), welches sorgfältig vor- und nachbereitet werden muss, nicht möglich. Praktikant*innen sollen und wollen jedoch nicht zu Bystandern werden. Zunächst einmal könnten sie nonverbal handeln: Sie könnten Blickkontakt mit dem Kind aufnehmen, sie könnten sich in die Nähe des Kindes begeben. So könnte zunächst einmal dem betroffenen Kind signalisiert werden, auch wenn es vielleicht noch nicht jedes Wort aufnehmen kann: ‚Hier legt jemand Widerspruch ein!' Auch der Fachkraft bzw. der Lehrperson sowie allen Umstehenden kann dies verdeutlicht werden. Darüber hinaus müssen Praktikant*innen auch in einem akuten Fall nicht sprachlos bleiben. Hier bietet die Gewaltfreie Kommunikation nach Rosenberg (2013) eine geeignete Methode, um angemessen eine erste sprachliche Reaktion auf ein gewaltförmiges Geschehen vorzubringen. Dann kann über diese erste Reaktion hinaus Gesprächsbedarf angemeldet werden (siehe Bildungsimpuls 9.6). Dieses Gespräch kann dann sorgfältig nach Benien (2019) vorbereitet werden.

Nachhaltig professionell Handeln

Boll/Remsperger-Kehm (2021, 68) stellen fest, dass die Befragten durchaus auch von professionellem Handeln zu berichten wissen. Sie reagieren mit einer zeitnahen Ansprache auf das unerwünschte Verhalten. Mit 41 Nennungen ist dies die am häufigsten berichtete aktive Reaktion von Fachkräften. Dem stehen jedoch doppelt so viele Reaktionen des Nicht-Handelns gegenüber.

Boll/Remsperger-Kehm (2021, 68) geben Beispiele für aktive Reaktionen. Eine Studierende der Kindheitspädagogik berichtet: „Das Kind war sichtbar verunsichert, darauf mischte ich mich in das Gespräch ein, um das Kind zu unterstützen." Eine berufsbegleitend studierende pädagogische Fachkraft teilt in der Befragung von Boll/Remsperger-Kehm (2021, 68) mit: „Einmal habe ich sie nach einer ihrer ‚Schrei-Attacken' gefragt, ob sie mal raus an die frische Luft möchte."

Hierbei fällt auf, so Boll/Remsperger-Kehm (2021, 68), dass es bei diesen Formen der Intervention eher um eine Entschärfung der Situation geht und nicht um Grenzziehung und fachliche Positionierung.

Weiterführendes Handeln über das zeitnahe Ansprechen im Einzelfall hinaus muss jedoch die Leitungsebene miteinbeziehen. Nur durch klares Leitungshandeln strukturiert und moderiert kann eine Aufarbeitung im Team erfolgen. Hierzu Boll/Remsperger-Kehm (2021, 69): „Die Aufarbeitung im Team beinhaltet gemeinschaftlich geprägte Umgangsarten mit dem Geschehen. Im Unterschied zur zeitnahen Ansprache meint die Aufarbeitung im Team eine intensive Auseinandersetzung mit verletzenden Verhaltensweisen, die gegebenenfalls in weitere Konsequenzen mündet. Die Äußerungen der Befragten weisen darauf hin, dass mit einer starken Leitung, die klare Strukturen schafft, verletzende Verhaltensweisen aufgearbeitet werden können"

Formen der Aufarbeitung

Als Formen der Bearbeitung des Themas ‚verletzende Verhaltensweisen' von pädagogischen Fachkräften in Kindertageseinrichtungen werden von den Befragten, so Boll/Remsperger-Kehm (2021, 69), aufgeführt:

- Untersuchung
- Supervision
- Fort- und Weiterbildungen
- Verständigung über den Umgang mit Kindern

Boll/Remsperger-Kehm (2021, 69) fordern außerdem eine Aufarbeitung auf struktureller Ebene. Hierzu gehört insbesondere die Entwicklung eines Rahmenschutzkonzeptes mit genauer Festlegung von Maßnahmen, die zur Einhaltung des Schutzkonzeptes ergriffen werden sollen.

Diese Maßnahmen beziehen sich u. a. auf Teamgespräche, welche der Thematisierung und Reflexion verletzender Verhaltensweisen dienen, auf Beobachtung und Dokumentation von Vorfällen, auf Personalgespräche bis hin zu Beurlaubung oder Kündigung.

Boll/Remsperger-Kehm (2021, 70) stellen aufgrund ihrer Untersuchung fest: „Von den berichteten Aufarbeitungen wird jedoch knapp die Hälfte als nachhaltig beschrieben. Gelingt die Aufarbeitung, so scheint dies insgesamt einen präventiven Charakter zu haben."

Studien berichten auch von verletzendem Lehrer*innen-Verhalten. Krumm/Eckstein (2003), verweisen auf eine Studie aus dem Jahr 2002, in der österreichische Studierende nach ihren Schulerinnerungen in Bezug auf verletzendes Lehrer*innen-Verhalten befragt wurden. Die Studierenden berichteten von diesen Erlebnissen, die hier in der Reihenfolge der Nennungen aufgeführt wurden. Auch in dieser Studie zeigt sich die Tendenz zu einem verletzenden Verhalten, das insbesondere im sprachlichen Handeln seinen Ausdruck findet:

- Negative Zuschreibungen, Behauptungen, Vorurteile
- Bloßstellen
- Ungerechtes, unfaires Verhalten
- Schreien, Beschimpfen, Schimpfwörter
- Lächerlich machen, Beschämen
- Ignorieren, Vernachlässigen, Missachten
- Verletzen von Rechten
- Unterstellung von Fehlhandlungen
- Körperverletzungen
- Drohungen/Einschüchterungen
- Isolierung
- Informationsweitergabe
- Unangemessene Arbeitsaufträge

Melzer/Schubarth/Ehninger (2004) gelangen für deutsche Verhältnisse zu ähnlichen Befunden. Die Aggressionen Lehrender gegenüber Schüler*innen werden als „nicht unbeträchtlich" (108) eingeschätzt. Melzer/Schubarth/Ehninger (2004) konstatieren: „So sagt jeder dritte Schüler, dass es Lehrer gibt, ‚die einen vor der ganzen Klasse blamieren'. 9 % der Befragten geben sogar an, dass Lehrer ‚auch schon mal handgreiflich werden'. Insbesondere die letzten Ergebnisse zeigen, dass eine Verbesserung der Interaktion zwischen Schülern und Lehrern an einem Teil der Schulen notwendig ist“ (108).

In der zweiten Auflage weisen Melzer/Schubarth/Ehninger (2011) in ihrem Buch „Gewaltprävention und Schulentwicklung“ darauf hin, „dass es einen gesicherten Zusammenhang zwischen aggressivem Lehrerverhalten und durch Schüler verübte Gewalt gibt, und man kann auch folgern, dass aggressives Lehrerverhalten keineswegs nur eine Reaktion auf Schülergewalt darstellt, sondern durchaus auch eine mitverursachende Rolle spielt.“ (151) Melzer/Schubarth/Ehninger (2011, 157 f) führen aus: „Aus anderen Analysen, die wir durchgeführt haben, wissen wir, dass Schulkulturvariablen, wie Lehrer-Schüler-Beziehung, Lehrerengagement, Lebensweltbezug des Lernens, partizipative Unterrichts- und Schulgestaltung – also alles Variablen, die einen im weitesten Sinne offenen und schülerorientierten Unterricht repräsentieren, ganz stark mit Schulfreude und Interesse am Unterricht korrelieren.“ (157) Und gerade Schulfreude und Interesse am Unterricht, so die Autoren (2011, 157 f,) können eine gewaltpräventive Wirkung entfalten.

Melzer/Schubarth/Ehninger (2011, 157 f) verdeutlicht, dass Unterrichtsgestaltung und didaktische Kompetenz als ebenso bedeutsam für Gewaltprävention in Schulen angesehen werden können wie institutionsbezogene Variablen der Schule. Sie verweisen hier insbesondere auf eine offene Kommunikationsstruktur zwischen allen Akteur*innengruppen, eine gute Schulraumqualität, interessante Lern- und Freizeitangebote sowie auf Partizipationsmöglichkeiten aller Beteiligten (157 f). Ihr Resümee lautet: „Insofern kann Schulentwicklung als Entwicklung der gesamten Schulkultur, d. h. als Organisationsentwicklung, Personalentwicklung und Unterrichtsentwicklung als ein probates Mittel der Gewaltprävention gelten.“ (158)

Eine strukturell unterstützte, qualitativ hochwertige Kommunikation zwischen Lehrpersonen und Schüler*innen steht im Zentrum einer glaubwürdig vermittelten gewaltkritischen Kultur des Lehrens und Lernens an Schulen. Hier Verantwortung zu übernehmen und an der Weiterentwicklung gerade dieses Qualitätsaspektes zu arbeiten, ist von großer Wichtigkeit für eine Schule ohne Gewalt.

Prengel (2019) und das Forscher*innen-Team von INTAKT (Soziale Interaktion in pädagogischen Arbeitsfeldern) heben diesen Qualitätsaspekt einer guten Kommunikation zwischen Lehrpersonen und Schüler*innen besonders hervor. Hierzu führten sie eine umfangreiche Studie durch zum Thema ‚Pädagogische Beziehungen zwischen Anerkennung, Verletzung und Ambivalenz‘. Hierzu wurden insgesamt 15.000 Beobachtungen durchgeführt zumeist in schulischen Kontexten, ergänzt durch Untersuchungen in Kindertageseinrichtungen. Die Auswertung von 5917 Szenen, die in Schulen stattfanden, nach einem Ratingsystem ergab, dass 10 % der beobachteten Interaktionen als sehr anerkennend,

28 % als leicht anerkennend, 34 % als neutral, 16 % als leicht verletzend 6 % als sehr verletzend und 5 % als schwer einzuordnen gewertet werden konnten (105).

Es zeigt sich auch, dass gerade bei Kindern im Grundschulbereich in den beobachteten Situationen weniger sehr anerkennende und leicht anerkennende Interaktion zu verzeichnen und mehr neutrale Interaktion feststellbar waren. Der Anteil leicht verletzender und auch schwer verletzender Interaktionen blieb gegenüber den Erfahrungen, die ältere Kinder in den beobachteten Szenen machen mussten, gleich.

Verletzendes Verhalten in der Praxis fachlich einschätzen

Ankerbeispiel für die Schule

Prengel (2019, 108 ff) entwickelt zunächst für den Schulbereich sechs Auswertungskategorien mit entsprechenden Ankerbeispielen. Diese Ankerbeispiele zu den Auswertungskategorien sind für die Einschätzung der Interaktionsqualität im schulischen Bereich zwischen Lehrkraft und Kind weiterführend. Es wird unterschieden zwischen:

- sehr verletzend,
- leicht verletzend,
- schwer einzuordnen,
- neutral,
- leicht anerkennend,
- sehr anerkennend.

Die Ankerbeispiele werden im Folgenden tabellarisch vorgestellt:

Anfangsunterricht, Einzelarbeit, sehr verletzend
<u>Beobachtung:</u> Die Lehrerin Frau Z. wendet sich zu Stefan schaut in sein Heft und sagt: „Weißt du was mich richtig ärgert? Dass du so unglaublich faul bist.“ Frau Z. zeigt auf uns (die Hospitantinnen). „Diese beiden Frauen da denken echt, dass du bescheuert bist. Dabei bist du einfach nur so richtig schön dumm. So richtig schön dumm-faul.“ Stefan schaut auf sein Heft und stützt den Kopf auf die Hände. <u>Kommentar:</u> Frau Z. reagiert in dieser Situation übertrieben und unangemessen. Sie stellt Stefan bloß. <u>Introspektion:</u> Ich bin schockiert.
Anfangsunterricht, Einzelarbeit, leicht verletzend
<u>Beobachtung:</u> Der Erzieher Herr V. erklärt Luise eine Aufgabe und fragt: „4+1 ist größer 4?“ Anna nickt unsicher. Emil nickt ebenfalls. Im gleichen Augenblick schwatzen Marie und Luise miteinander, wobei Marie Luise bei ihren Aufgaben hilft. Herr V. schreit über die Tische ermahnend: „Marie!“ Marie guckt verwundert und schreibt schnell weiter. <u>Kommentar:</u> Herr V. ist mit Anna beschäftigt und bekommt nicht mit, dass Marie nur helfen möchte und schreit sie an. Marie wirkt verunsichert, sagt aber nichts. <u>Introspektion:</u> Ich bin verwirrt.

Anfangsunterricht, Stuhlkreis, schwer einzuordnen
Beobachtung: Denis und Erwin ziehen sich die Kapuzen ihrer Sweat-Shirts über. Die Lehrerin Frau S. kommentiert nur kurz in lustigem Ton: „Hey ihr Rappenkinder, setzt die Kapuzen ab! ... sonst tausche ich euch gegen einen Goldhamster ein!“ Die Jungen, die Arme vor der Brust verschränkt, reagieren erst einmal nicht, worauf ihnen Frau S. die Kapuzen abstreift. Widerstandslos und in unveränderter Sitzhaltung lassen sie es sich gefallen. *Kommentar:* Die Lehrerin verpackt ihre Aufforderungen vorerst in einem Witz, greift danach dennoch autoritär ein. *Introspektion:* Ich bin entspannt.
Anfangsunterricht, Lehrerleitung, Stuhlkreis, neutral
Beobachtung: Es wird mit einem Rechenwagon gearbeitet. Aufgaben werden in die Runde gestellt. Nach Aufforderung und gemeinsamer Lösung werden die Aufgaben von einigen Kindern an die Tafel geschrieben. *Kommentar:* Ein Kommentar fehlt im Protokoll. *Introspektion:* Ich bin aufmerksam.
Anfangsunterricht, Lehrerleitung, Stuhlkreis, leicht anerkennend
Beobachtung: Achim rechnet nun eine Aufgabe. Es wird wieder unruhig im Kreis, die Kinder reden durcheinander. Die Lehrerin Frau S. interveniert kurz. „So wartet mal. Wer spricht jetzt?“ Die Kinder antworten „Achim“. Sie fragt weiter: „Und wer hört zu?“ Im Chor antworten die Schüler, dass alle anderen zuhören. Augenblicklich wird es ruhiger. *Kommentar:* Frau S. wird es zu laut. Sie scheint sich wieder gefangen zu haben und reagiert nun nicht mehr (wie in einigen Interaktionen zuvor – A. P.) mit Ermahnungen oder Sanktionen, sondern erinnert an die Gesprächsregeln. Der Hinweis ist für die Schüler verständlich, die gewünschte Reaktion stellt sich ein. *Introspektion:* Ich bin aufmerksam.
Anfangsunterricht, Einzelarbeit, sehr anerkennend
Beobachtung: Die Schüler arbeiten an ihren Aufgaben, nur Markus sitzt noch immer untätig an seinem Tisch. Die Lehrerin Frau S. geht auf ihn ein: „Markus was ist los? Möchtest du dir nichts aussuchen? Möchtest du gedrückt werden? Möchtest du Seilspringen? ... Gar nichts?“ Er schüttelt den Kopf. Sie fragt weiter: „In die Leseecke? ... Was ist heute los mit dir, musst du erst mal ankommen? Dann geh in die Leseecke und ich wünsche dir sehr, dass du heute wieder bessere Laune bekommst. Wir haben heute nämlich noch etwas zu feiern.“ *Kommentar:* Frau S. geht auf Markus zu und versucht ihn in das Geschehen einzubinden. Sie geht auf seine emotionalen Befindlichkeiten ein und bietet ihm verschiedene Möglichkeiten an. *Introspektion:* Ich bin gerührt.

Tabelle 8: Eigene Darstellung in Anlehnung an Prengel (2019), Ankerbeispiele für die Schule

Diese Ankerbeispiele geben im schulischen Bereich Anhaltspunkte für eine fachliche Einschätzung der Interaktionsqualität zwischen Lehrkräften und Schüler*innen.

Ankerbeispiele für den Elementarbereich

Mittlerweile wurden im Rahmen der INTAKT-Forschung auch erste Beispiele für den Bereich der Kindertageseinrichtungen veröffentlicht, die als Ankerbeispiele zur fachlichen Einschätzung in einer elementarpädagogischen Bildungsinstitution dienen können. Tellisch/Prengel (2019) stellen aus dem umfangreichen Datensatz „Szenenbeispiele für kontrastierende Interaktionsqualitäten – anerkennend und verletzend" (1) vor. Die Namen der Akteur*innen wurden dabei pseudonymisiert. Die Szenebeispiele werden hier in tabellarischer Form wiedergegeben:

Anerkennende Beobachtung
Beobachtung: „Dein Geburtstag ist freitags, freitags bin ich ja aber nie da, magst du, dass ich mitfeiere?" fragt Frau Müller. Klaus nickt, worauf sie meint: „Okay, weiß ich Bescheid." Danach gibt sie ihm noch einen ‚coolen Stift', damit er etwas auf dem Plan malen kann. *Interpretation:* Da Frau Müller die ‚Bezugserzieherin' von Klaus ist, bietet sie ihm an, extra an diesem Tag zu kommen. *Introspektion:* Ich freue mich sehr über das Angebot von Frau Müller.
Beobachtung Morgenkreis: Die Kinder versammeln sich gemeinsam mit Frau Schneider und Frau Meier auf dem Teppich (Frau Schneider sitzt auf einem Stuhl, Frau Müller sitzt auf dem Boden), und sie singen einige Lieder. Frau Müller singt laut und macht die Bewegung für die einzelnen Lieder vor. Die Kinder beobachten sie intensiv. Sie singen teilweise mit (auch, wenn sie den Text nicht können) und üben sich in den einzelnen Bewegungen. Die Kinder übernehmen viele Bewegungen von Frau Müller: Als sie nach drei Liedern „Applaus!" ruft und in die Hände klatscht, tun die Kinder ihr das nach. *Interpretation:* Die Kinder beobachten Frau Müller gespannt und richten sich nach ihr aus. Dass die Lieder ein großer Spaß für die Kinder sind, fällt mir hier besonders auf. *Introspektion:* Es macht Spaß, beim Morgenkreis zuzusehen. Ich fühle mich wohl.
Beobachtung: Als der Kreis aufgelöst wird, möchte Albert bleiben und weitersingen. Frau Schramm fragt ihn, was er singen möchte. Zu zweit singen beide noch ein paar weitere Lieder. *Interpretation:* Bedürfnisse des Kindes werden berücksichtigt und bestärkt. *Introspektion:* Ich freue mich.
Beobachtung: Konrad, der sich noch nicht in verständlichen Worten ausdrücken kann, erzählt in Lauten eine Geschichte, bei der Frau Kamm dem Kind die ganze Zeit interessiert zuhört und Gegenfragen stellt. Am Ende ruft Frau Kamm: „Bravo!" *Interpretation:* Frau Kamm schenkt dem Jungen ihre volle Anerkennung und gibt ihm das Gefühl, verstanden zu werden. *Introspektion:* Ich lache und freue mich über ‚die Konversation' zwischen Konrad und Frau Kamm.
Beobachtung: Ein Mädchen liegt auf einer Bank im Außengelände. Frau Neumann geht zu ihm und fragt es, ob alles in Ordnung ist. Das Mädchen antwortet, dass es müde ist. Frau Neumann holt aus einem hölzernen Häuschen ein Sitzkissen und legt es auf die Bank unter den Rücken des Kindes. Dann setzt sich Frau Neumann neben das Mädchen und streichelt seine Haare. Das Mädchen schließt die Augen. *Interpretation:* Frau Neumann hat sich um das Mädchen Sorgen gemacht und erkundigt sich nach seiner Verfassung. Frau Neumann hat gegenüber dem Kind Interesse gezeigt und ist auf es situativ eingegangen. *Introspektion:* Ich fand die Reaktion von Frau Neumann sehr herzlich.

Tabelle 9: Eigene Darstellung in Anlehnung an Tellisch/Prengel (2019), anerkennende Beobachtungen

Verletzende bzw. ambivalente Szenenbeobachtung
Beobachtung: Karl will seinen Kittel anziehen und probiert es alleine. Frau Schulz sagt zu ihm: „Das kannst du nicht, siehst du, ich wusste, dass du das nicht alleine schaffst.“ *Interpretation:* Karl bekommt keine Chance, und ihm wird direkt gesagt, dass er etwas nicht kann. *Introspektion:* Ich bin sauer.
Beobachtung: Alex hat zum vierten Mal in die Windel gemacht. Frau Winkel sagt genervt: „Schon wieder. Ich habe keine Lust mehr, ich mache das nicht.“ *Interpretation:* Darauf wickelt auch kein anderer Erzieher Alex für eine längere Zeit. *Introspektion:* Ich bin sauer.
Beobachtung: Tim fährt Rutschauto, fällt hin und weint. Frau Lehmann sitzt auf einem Stuhl, schaut zu und sagt dann: „Ach komm, zieh nicht so eine Show ab. So arg hat das nicht wehgetan, und pass halt auch mal auf, dann passiert sowas nicht.“ Tim weint weiterhin. *Interpretation:* Tim tut sich offensichtlich weh, Frau Lehmann interessiert eher das ‚Missgeschick‘ des Kinds. *Introspektion:* Wie gemein! Ich musste eingreifen und habe das Kind gefragt, ob es Schmerzen hat.
Beobachtung: Petra hat eine geistige Behinderung (sie ist aus einer anderen Gruppe) und wird ständig an der Hand einer pädagogischen Fachkraft im Außenbereich herumgeführt (die Erzieher wechseln sich ab: erst die Praktikantin, dann Übergabe an Herrn Kunze, dann Übergabe an Frau Lipp). Petra hat mit den anderen Kindern keinerlei Kontakt, bis sie von ihrer Mutter abgeholt wird. *Interpretation:* Petra wird nicht am Spiel mit den anderen Kindern beteiligt, und die Fachkräfte spielen auch nicht mit ihr. *Introspektion:* Ich fühle mich seltsam berührt, traurig und unwohl. Frage mich, ob Petra das ‚Quoten-Kind‘ ist und mehr nicht.
Beobachtung: Alle Kinder essen noch. Frau Holm streichelt Paul über den Kopf und sagt: „Eigentlich darf man ja keine Lieblinge haben, aber er ist mein Liebling.“ Die anderen Kinder reagieren nicht. *Interpretation:* Hervorhebung eines bestimmten Kindes. *Introspektion:* Ich bin unsicher.

Tabelle 10: Eigene Darstellung in Anlehnung an Tellisch/Prengel (2019), verletzende bzw. ambivalente Szenenbeobachtung

6. Prävention und Intervention im Blick auf verletzendes Verhalten durch pädagogische Fachkräfte und Lehrpersonen

Verletzendes Verhalten in Bildungsinstitutionen gegenüber Kindern bzw. Schüler*innen stellt letztlich eine Beeinträchtigung der Menschenwürde, eine Verletzung des Kindeswohls dar. Nur demokratische Prozedere sind geeignet, verletzendes Verhalten durch präventive Maßnahmen einzudämmen bzw. bei Auftreten dieses Verhaltens professionell zu intervenieren. Insofern ist es wichtig, Prävention und Intervention von verletzendem Verhalten von Fach- und Lehrkräften in Bildungsinstitutionen in einen umfassenden demokratischen, menschenrechtsorientierten Kontext zu stellen.

Hier kann auf das Modell der Qualität in Abbildung 2 zurückgegriffen werden, welches auf der Basis der Vorgaben von Becker-Stoll (2013) in Anlehnung an den 12. Kinder- und Jugendbericht (BMFSFJ 2005, 649) erstellt wurde.

Prävention und Intervention setzen im Blick auf verletzendes Verhalten durch pädagogische Fachkräfte und Lehrkräfte somit sowohl in der elementarpädagogischen Bildungsinstitution Kindertageseinrichtung, also auch in der primarpädagogischen Bildungsinstitution Grundschule an den Qualitätsebenen der Kontext-, Orientierungs-, Struktur-, Organisations-/Management- sowie Prozessqualität an.

Kontextqualität

Zur Kontextqualität zählt, dass zunächst einmal die chronische Unterfinanzierung von Bildung in Deutschland gezielt in den Blick genommen wird. Der Beitrag Deutschlands liegt mit 4,3 % des Brutto-Inland-Produkts unter dem OECD-Durchschnitt von 4,9 %. Eine Spitzenposition von 6,6 % nimmt Norwegen mit seiner Zukunftsinvestition in Bildung ein (OECD 2021).

Die Orientierung am primären Wert der Menschenwürde als Nukleus der Menschenrechte und an demokratischen Prozedere ist ein Querschnitt-Thema. Aus dieser Grundpositionierung heraus ergeben sich Ansprüche an Bildungsinstitutionen zur Umsetzung von Bildungsgerechtigkeit, welche von der Heterogenität der Adressat*innen von Bildungsangeboten als Chance und Herausforderung auszugehen und in Bildungsprozessen so zu antworten haben, dass die Entwicklungsmöglichkeiten Lernender im Bildungssystem eine gerechte Unterstützung und Förderung erfahren. Eine gesteigerte Sensibilisierung gegenüber den menschenrechtsrelevanten Dimensionen der Intersektionalität gender, disability, age, ‚race', class, body, antisemitism in der Gesellschaft und in Bildungsinstitutionen führt zurecht zu einem gesteigerten Anspruch, der eine Steigerung in der

Unterstützung der in Bildungsinstitutionen tätigen Fach- und Lehrkräfte nach sich ziehen muss.

Hier sind die wissenschaftlichen Standards zur Kenntnis zu nehmen und ihnen zu entsprechen. Dies gilt sowohl für die Fachkraft-Kind-Relation im Bereich der Kindertageseinrichtungen als auch für die Lehrkraft-Schüler*innen-Relation im Bereich der Schule.

Aber auch die Professionalität der pädagogischen Fach- und Lehrkräfte in Bildungsinstitutionen gilt es gezielt zu stärken durch Supervision und Fortbildungsinitiativen, durch eine angemessene Bezahlung. Es sind weitere Anstrengungen zu unternehmen, um Studienplätze im Bereich der Kindheitspädagogik auszubauen. Nach wissenschaftlichen Standards bemessene Leitungsstunden für Führungskräfte, die eine sehr wichtige Position im Blick auf die Erstellung von Organisations- und Managementqualität einnehmen, sind unabdingbar. Dies gilt auch für Fach- und Lehrkräfte, deren Stundenkontingent so bemessen sein soll, dass Vor- und Nachbereitung von Bildungsprozessen, Arbeit in Teams, eine Erziehungs- und Bildungspartnerschaft mit Eltern sowie eine Zusammenarbeit mit externen Kooperationspartner*innen etc. eingeplant sind. Eine angemessene Entlohnung der Fachkräfte im Elementar- und im Primarbereich sind wichtige Desiderate.

Barrierefreiheit in Bildungsbauten ist gefordert und für die Umsetzung inklusiver, heterogenitätssensibler Bildungsprozesse auch genügend Raum, um binnendifferenziert arbeiten zu können.

Die gesellschaftliche Wertschätzung von Arbeit in Bildungsinstitutionen, von der zurecht erwartet wird, dass sie menschenrechtsorientiert und demokratisch gestaltet ist, muss sich materialisieren. Dies ist eine Frage der Kontextqualität.

Orientierungsqualität

Die ganz persönliche Entscheidung, in einer Bildungsinstitution menschenrechtsorientiert und demokratisch zu arbeiten, kann einem jedoch niemand abnehmen. Auch unter schwierigen Kontextbedingungen sind Kinderrechte zur Geltung zu bringen, auch unter schwierigen Kontextbedingungen bleibt Inklusion ein Menschenrecht, auch unter schwierigen Kontextbedingungen können heterogene Adressat*innen von Bildungsangeboten in Bildungsinstitutionen zurecht Bildungsgerechtigkeit fordern.

Dies erfordert eine politische Haltung, die nach außen durch Berufsverbände, Gewerkschaften etc. auf die Kontextqualität Einfluss nimmt und zugleich nach innen das Beste aus den gegebenen Verhältnissen zu machen sucht. Keinesfalls dürfen hierbei die unterschiedlichen Sphären des Handelns gemischt werden in dem Sinne, den Adressat*innen in Bildungsprozessen problematische Kontextbedingungen, die sich negativ auf die Strukturbedingungen auswirken, anzulasten.

Genau diese falsche, unprofessionelle Haltung kann zu verletzendem Verhalten von pädagogischen Fachkräften in Kindertageseinrichtungen und Lehrkräften an Schulen erheblich beitragen.

Es bedarf also in Bildungsinstitutionen der Orientierungsqualität. Diese richtet sich an den Kinderrechten aus, die jegliche Form der Diskriminierung insbesondere in Bezug auf die Dimensionen der Intersektionalität gender, disability, age, ‚race', class, body, antisemitism untersagt. Die Orientierungsqualität richtet sich auch auf die UN-Behindertenrechtskonvention, die eine Umsetzung der Rechte aller Menschen mit Behinderung fordert. Kinderrechte und Rechte für Menschen mit Behinderung sind Explikationen der allgemeinen Menschenrechte mit dem Nukleus der Menschenwürde, die allein durch demokratische Prozedere gewährleistet werden können.

Für alle Bildungsprozesse soll gelten, dass das Wohl der Kinder, der Schülerinnen und Schüler im Vordergrund steht. Wobei davon ausgegangen werden kann, dass dort, wo das Kindeswohl Beachtung findet, auch das Wohl von Angehörigen, pädagogischen Fachkräften und Lehrkräften mit gewahrt ist. Diese grundsätzliche Orientierung einer Bildungsinstitution wird in einer Konzeption niedergelegt, die so formuliert sein soll, dass sie tatsächlich Orientierung in der Praxis zu bieten vermag. Auf der Grundlage einer Konzeption kann eine ‚Verfassung für die Kindertageseinrichtung' entwickelt werden (Hansen/Knauer/Sturzenhecker 2015). Ein ähnliches Verfahren ist auch für die Grundschule realisierbar, in dem alle Akteur*innengruppen in einer Schule sich ein menschenrechtsorientiertes, demokratisches Leitbild geben.

Strukturqualität

Die Strukturqualität umfasst insbesondere die finanziellen, personellen, zeitkontingentbezogenen, räumlichen, ausstattungsbezogenen Ressourcen in Bildungsinstitutionen, die seitens der gesellschaftlichen Rahmenbedingungen durch Kontextqualität gewährleistet sind. Diese Strukturen gilt es optimal zu nutzen, um eine möglichst hohe Prozessqualität zu erreichen. Zum Wohl der Adressat*innen von Bildungsangeboten in Bildungsinstitution und aller Akteur*innengruppen ist hier eine hohe Fachlichkeit in der Einschätzung der Strukturressourcen gefragt. Diese Einschätzung muss in ein lösungsorientiertes Handeln einmünden. So sind beispielsweise weder ungeeignete Sitzgelegenheiten für Fachkräfte noch eine ausgeprägte Lärmbelastung durch mangelhaften Schallschutz von den Mitarbeitenden einfach hinzunehmen. Hier geht es wiederum um ein Abgleichen von Verantwortlichkeiten auf unterschiedlichen Hierarchieebenen und darum, sich auch angesichts einer Mangelsituation evtl. zu wohlabgewogenen, ungewöhnlichen Lösungen durchzuringen.

Organisations-/Managementqualität

Hinsichtlich der Ausprägung von Organisations-/Managementqualität ist Leitungshandeln gefragt. Der Aktionsrat Bildung (2021) fasst Forschungsergebnisse zusammen, die den Einfluss von Leitungstätigkeit auf die Gesamtqualität ausloten. Zusammenfassend „kann angenommen werden, dass die Führungsebene vermittelt über ihren Einfluss auf soziale Effizienzkriterien (Zufriedenheit, Motivation und Gesundheit des Personals) und die Qualität des von der jeweiligen Organisation bereitgestellten Bildungsangebots (z. B. Betreuung, Förderung, Unterricht, Lehre) die Ergebnisse (z. B. Lernzuwächse, Zertifikaterwerb) für die Empfängerinnen und Empfänger der Bildungsmaßnahmen beeinflusst" (56).

Leitungshandeln im Bildungsbereich befindet sich, so der Aktionsrat Bildung (2021, 31), systematisch in einer grundlegenden „Paradoxie aus Direktorial- und Kollegialistätsprinzip". „Einerseits sollen sie smarte, robuste Entscheidungen treffen und durchsetzen (‚top down'), andererseits sollen sie gleichzeitig die Beschäftigen ‚mitnehmen' (‚bottom up')" (29). Diese Grundspannung gilt es seitens der Leitung sorgfältig bei Entscheidungen auch unter einer demokratischen, menschenrechtsorientierten Perspektive zu reflektieren. Durch einen transformationalen Führungsstil kann diese Grundspannung auch – ein Stück weit zumindest – gelöst werden.

Ein transformationaler Führungsstil zeichnet sich, so der Aktionsrat Bildung (2021), dadurch aus, dass:

- die Vorbildfunktion der Führungskraft glaubhaft vermittelt werden kann,
- eine inspirierende Motivation durch die Übertragung der eigenen Begeisterung der Führungskraft für gemeinsame Ziele auf die Mitarbeitenden gelingt,
- individuelle Fähigkeiten von Mitarbeitenden wahrgenommen und nach Möglichkeit gefördert werden und
- eine intellektuelle Stimulation erfolgt durch Anregung von Mitarbeitenden, ihre Kreativität und Innovationskraft aktiv einzubringen (64).

Der Aktionsrat Bildung (2021) stellt heraus: „es ist denkbar, dass transformationale Führung in besonderem Maße der Aufgabe gerecht werden kann, der sich Bildungseinrichtungen in den vergangenen Dekaden gegenübersahen: der permanenten Transformation der Organisation; verbunden mit der Anforderung an die Führungskraft, die Mitarbeitenden zu Innovation, Kreativität und Organisationsentwicklung zu motivieren und anzuleiten" (68).

Der Aufgabenkatalog von Leitungskräften in Bildungsinstitutionen ist, so der Aktionsrat Bildung (2021), umfangreich:

Verbesserung der Bildungsqualität
• Qualitätsmanagement • Weiterentwicklung des pädagogischen Angebots • Etablierung einer Feedbackkultur • Interne und externe Evaluation
Führung der Mitarbeitenden
• Gesamtverantwortung Personal (unter anderem Personalgewinnung und -entwicklung sowie Planung, Organisation und Durchführung von Fortbildungen) • Beratung, Unterstützung, Kontrolle und Bewertung der Mitarbeitenden • Gegebenenfalls Beförderungen und Disziplinarmaßnahmen • Eigenverantwortliches Handeln und Kooperation der Mitarbeitenden anregen: Engagement für sich selbst, für die eigene Organisation und für das soziale Umfeld • Kommunikation (nach innen und außen) • Einberufung und Durchführung von Konferenzen und Besprechungen
Organisationsentwicklung
• Transformation anregen/Anpassung der Organisation an vielfältige gesellschaftliche Wandlungsprozesse gewährleisten • Beteiligung von Mitarbeitenden, Bildungsteilnehmer*innen sowie weiteren Akteur*innen an der Weiterentwicklung von Leitbild, Organisation und Angebot der Einrichtung • Akzeptierende und offene Atmosphäre in der Einrichtung herstellen • Netzwerkarbeit mit relevanten gesellschaftlichen, staatlichen und marktwirtschaftlichen Akteur*innen • Gestaltung von Change-Management-Prozessen • Krisen- und Konfliktmanagment • Entwicklung von Angeboten, damit verbundene didaktisch-inhaltliche Innovationen • Marketing und Öffentlichkeitsarbeit
Verwaltungs- und Organisationsaufgaben
• Effektive Aufgabenbewältigung: Management (unter anderem Delegation von Aufgaben an Mitarbeitende) • Personal- und Programmplanung • Finanzielle Planung, Finanz- und Sachmittel gezielt einsetzen • Rechenschaftslegung, Statistiken • Erlass und Vollzug von Verwaltungsakten, Ausübung des Hausrechts, Sicherstellung der Einhaltung von Rechts- und Verwaltungsvorschriften • Mittlerfunktion zwischen verschiedenenden Ebenen (übergeordnete Stellen und Mitarbeitenden, Bildungsteilnehmer*innen) • Gewährleistung eines reibungslosen Betriebs/Wahrung einer geordneten Atmosphäre • Vertretung der Einrichtung und ihres Angebots nach außen, unter anderem auch Beratung von potenziellen und aktuellen Bildungsteilnehmer*innen

Tabelle 11: Eigene Darstellung in Anlehnung an den Aktionsrat Bildung (2021,) Aufgabenkatalog von Leitunkskräften in Bildungsinstitutionen

Wiederum soll sich hier die menschenrechtliche Fundierung im Rahmen von demokratischen Prozederen als Querschnitt-Thema durch alle Aufgabenbereiche hindurchziehen.

Prozessqualität

In der Prozessqualität bündeln sich Entscheidungen und Festlegungen, die auf den Ebenen der Kontext-, der Orientierungs-, Struktur, Organisations- und Managementqualität in Bildungsinstitutionen getroffen wurden. In der Prozessqualität zeigt sich, was unmittelbar bei den Kindern in Kindertageseinrichtungen bzw. den Schüler*innen in Schulen ankommt.

Ob die Bildungsprozesse menschenrechtlich orientiert und demokratisch ausgerichtet sind, hat unmittelbar Einfluss darauf, ob verletzendes Verhalten von Fach- bzw. Lehrkräften um sich greifen kann oder ob dies nicht geschieht.

Systematisch soll Demokratiebildung als Menschenrechtsbildung in Kindertageseinrichtungen und Grundschulen ein Querschnitt-Thema sein. Hierbei gilt die Formel: „Lernen über, lernen für und lernen durch die Menschenrechte" (Heldt 2022, 390). Lernen über die Menschenrechte zielt auf die Entwicklung deklarativen Wissens über Inhalte, Geschichte und Institutionalisierungsformen. Beim Lernen durch die Menschenrechte steht die Wertebene im Vordergrund. Menschenwürde als ethischer Kern der Menschenrechte kann auf dieser Ebene insgesamt im respektvollen Umgang miteinander in Bildungsinstitutionen erfahren werden. Lernen für die Menschenrechte zielt auf die Ausprägung sozialer und politischer Handlungskompetenzen ab.

Demokratische Prozesse reflektieren

Als Diskussionsbasis zum Ausloten der eigenen professionellen Haltung für pädagogische Fachkräfte und Lehrpersonen eignen sich insbesondere die „Leitlinien der Reckahner Reflexionen" (Deutsches Institut für Menschenrechte et al. 2016), welche die Bildungsinstitutionen Kindertageseinrichtung und Schule umfassen:

> „Was ethisch begründet ist:
>
> 1. Kinder und Jugendliche werden wertschätzend angesprochen und behandelt.
> 2. Lehrpersonen und pädagogische Fachkräfte hören Kindern und Jugendlichen zu.
> 3. Bei Rückmeldungen zum Lernen wird das Erreichte benannt. Auf dieser Basis werden neue Lernschritte und förderliche Unterstützung besprochen.
> 4. Bei Rückmeldungen zum Verhalten werden bereits gelingende Verhaltensweisen benannt. Schritte zur guten Weiterentwicklung werden vereinbart. Die dauerhafte Zugehörigkeit aller zur Gemeinschaft wird gestärkt.
> 5. Lehrpersonen und pädagogische Fachkräfte achten auf Interessen, Freuden, Bedürfnisse, Nöte, Schmerzen und Kummer von Kindern und Jugendlichen. Sie berücksichtigen ihre Belange und den subjektiven Sinn ihres Verhaltens.
> 6. Kinder und Jugendliche werden zu Selbstachtung und Anerkennung der Anderen angeleitet.

Was ethisch unzulässig ist:

7. Es ist nicht zulässig, dass Lehrpersonen und pädagogische Fachkräfte Kinder und Jugendliche diskriminierend, respektlos, demütigend, übergriffig oder unhöflich behandeln.
8. Es ist nicht zulässig, dass Lehrpersonen und pädagogische Fachkräfte Produkte und Leistungen von Kindern und Jugendlichen entwertend und entmutigend kommentieren.
9. Es ist nicht zulässig, dass Lehrpersonen und pädagogische Fachkräfte auf das Verhalten von Kindern und Jugendlichen herabsetzend, überwältigend oder ausgrenzend reagieren.
10. Es ist nicht zulässig, dass Lehrpersonen und pädagogische Fachkräfte verbale, tätliche oder mediale Verletzungen zwischen Kindern und Jugendlichen ignorieren."

Demokratische Prozesse verankern

Eine demokratische und an Menschenrechten orientierte Haltung von Fach- und Lehrkräften in Bildungsinstitutionen wird gestärkt durch demokratische Prozedere.

Hierzu bedarf es in Bildungsinstitutionen der Leitungspersonen, die den primären Wert der Menschenwürde ins Zentrum stellen und bereit sind, für diese Grundorientierung entschlossen, mitunter auch gegen Widerstände, einzutreten. Im Miteinander mit pädagogischen Fachkräften und Lehrkräften eignet sich in Bildungsinstitutionen ein transformationaler Führungsstil.

Leitung, pädagogische Fachkräfte und Lehrkräfte etablieren Strukturen, die Demokratie auf allen Ebenen in ihrer Bildungsinstitution ermöglichen. Als demokratiefördernd haben sich für den Bereich der Kindertageseinrichtungen diese Formate des Austausches erwiesen:

- das kollegiale Teamgespräch
- der Elternbeirat
- das Kinderparlament

Für den Grundschulbereich gelten als demokratiefördernde, erprobte Gremien:

- Formate kollegialer Kooperationen
- der Elternbeirat
- die Lehrer*innen-Konferenz
- die Schüler*innen-Vertretung
- der Klassenrat

Auf der Ebene der Fachkraft-Kind- bzw. Lehrkraft-Schüler*innen-Kommunikation geht es um eine professionelle Haltung, die sich mit größerer Selbstverständlichkeit gegenüber fachlicher Reflexion öffnet, um eine Steigerung der Interaktionsqualität zu erreichen. Hier sollte bewusst ein kollegialer Fachaustausch gefördert werden, indem Fachkräfte und Lehrkräfte die Gelegenheit haben, sich über beobachtetes Verhalten in der Praxis auszutauschen. Das Ziel ist, positives, die Würde des Anderen achtendes Verhalten zu stärken und negativem, verletzendem Verhalten entgegenzuwirken.

Kritik gehört zur pädagogischen Arbeit systematisch dazu. Sie stellt die Fachlichkeit keineswegs in Frage, sondern fördert die professionelle Reflexionsfähigkeit von Fach- und Lehrkräften in Bildungsinstitutionen. Die Fachlichkeit ist erst infrage gestellt, wenn Kritik abgeblockt wird.

Fachberatung und Supervision bieten in Bildungsinstitutionen wichtige Gelegenheiten für Fach- und Lehrkräfte, sich professionell weiterzuentwickeln und leisten somit einen Beitrag zur Prävention von verletzendem Verhalten.

Auch Fortbildungen, die sich gezielt dem Thema ‚verletzendes Verhalten von Fach- und Lehrkräfte gegenüber Kindern' widmen, können präventiv wirken.

Sowohl auf der Ebene von Konflikten unter Kindern als auch auf der Ebene von Konflikten zwischen Fach- und Lehrkräften auf der einen Seite und Kindern auf der anderen Seite sollen Formate der Mediation zur Verfügung stehen.

Beschwerden auf allen Ebenen in Bildungsinstitutionen müssen professionell aufgegriffen und bearbeitet werden. So ist beispielsweise ein vollständig ausformuliertes, schriftlich fixiertes Beschwerdemanagement mit einem klaren Bearbeitungsverfahren in Bildungsinstitutionen unabdingbar.

In Kindertageseinrichtungen ist inzwischen ein Schutzkonzept erforderlich. Maywald (2019, 106 f) unterscheidet Schutzkonzepte unterschiedlicher Reichweite. Ein enges Verständnis bezieht sich auf sexualisierte Gewalt. Ein Schutzkonzeptverständnis mittlerer Reichweite bezieht den Bereich der seelischen und der körperlichen Gewalt mit ein. Ein Schutzkonzept mit einer großen Reichweite bezieht alle in der UN-Kinderrechtskonvention dargelegten Schutzrechte mit ein. Hierzu zählen auch Fragen zum kompetenten Umgang mit der eigenen Gesundheit, mit Medien sowie der Schutz vor Diskriminierung. Ein sehr weites Verständnis eines Schutzkonzeptes bezieht neben den Artikeln der UN-Kinderrechtskonvention, die sich explizit auf den Schutz von Kindern beziehen, auch die Förder- und Beteiligungsrechte mit ein. Bezogen auf das hier in diesem Buch behandelte Thema empfiehlt sich die Entwicklung eines Schutzkonzepts mit umfassender Reichweite. Auch Grundschulen machen sich mittlerweile auf den Weg und entwickeln Schutzkonzepte.

Die ‚Leiter der Konsequenzen' bei verletzendem Verhalten durch Fachkräfte und Lehrkräfte

Maywald (2019, 93) fordert zurecht: „Damit sich Fehlverhalten nicht wiederholt oder sogar verfestigt, sollte jedes unprofessionelle Verhalten Konsequenzen haben."

Je nach Schwere des Vorfalls kann auf unterschiedlichen Stufen einer Abfolge von Konsequenzen begonnen werden. Bevor die *Leiter der Konsequenzen* jedoch erklommen wird, gilt es dafür zu sorgen, dass das betroffene Kind sich wieder sicher und wohl fühlen kann. Dem betroffenen Kind gilt die erste Sorge. Alles Weitere folgt im Anschluss.

Die <u>1. Stufe</u> der Leiter der Konsequenzen wäre zunächst ein kollegiales Gespräch, das eine Fachkraft oder Lehrkraft, die einen Vorfall beobachtet hat, mit der Fach- oder Lehrkraft, die den Vorfall verursachte, führt. Maywald (2019) schlägt hier folgenden Ablauf vor:

1. „Wie habe ich die Situation wahrgenommen? Wie hast du die Situation wahrgenommen?
2. Warum kam es zur Situation/zum Fehlverhalten?
3. Wie können derartige Situationen und Fehlverhalten zukünftig vermieden werden?
4. Nach einiger Zeit: Haben sich die vorgenommenen Veränderungen bewährt?" (94)

Die <u>2. Stufe</u> wäre erreicht, wenn der Vorfall zum Anlass genommen wird, im Team oder Kollegium über die zugrundeliegende pädagogische Situation zu sprechen. Hierbei muss ein beigelegter Fall nicht noch einmal bearbeitet werden. Hier soll es vielmehr um die bessere Gestaltung einer Bildungssituation gehen.

Die <u>3. Stufe</u> zu betreten sollte in Erwägung gezogen werden, wenn der Vorfall schwerwiegend war, der Konflikt nicht beigelegt werden konnte oder das Verhalten bereits mehrmals kollegial besprochen wurde. Dann wäre die Leitung einzuschalten. Die Leitung nimmt hier ausdrücklich ihre Aufgabe wahr. Das Methodenspektrum, dessen sie sich dabei bedienen kann, reicht von fachlicher Unterstützung für ein adäquateres Verhalten bis hin zu arbeitsrechtlichen Maßnahmen.

Auf einer 4. Stufe sind die Eltern des betroffenen Kindes zu informieren. Dies sollte immer dann erfolgen, wenn das Kind über eine kurzfristige Irritation hinaus zeigt, dass das verletzende Verhalten der Fach- oder Lehrkraft nachwirkt. Die Leitung sollte bei diesem Gespräch dabei sein. Im Vordergrund sollten seitens der Bildungsinstitution der Ausdruck des Bedauerns und die Ankündigung konkreter Maßnahmen, die eine Wiederholung verhindern, stehen.

Die 5. Stufe ist erreicht, wenn externe Unterstützung hinzugezogen wird. Diese kann vielfältig gestaltet sein. Zu denken ist hier je nach Fallspezifik und institutionellem Hintergrund an die Hinzuziehung von Fachberatung, Supervision bzw. von Vertrauenslehrer*innen, Beratungslehrkräfte, Schulsozialarbeiter*innen oder Kindheitspädagog*innen in der Schulsozialarbeit.

Die 6. Stufe macht eine Meldung gegenüber dem entsprechenden Jugendamt bzw. Schulamt unerlässlich. Maywald (2019, 38 f) listet hier umfassend auf, wann eine Meldepflicht besteht:

- Fehlverhalten von Mitarbeiterinnen und Mitarbeitern und dadurch verursachte Gefährdungen der zu betreuenden Kinder
- Straftaten bzw. Strafverfolgung von Mitarbeiterinnen und Mitarbeitern
- Gefährdung und Schädigung durch zu betreuende Kinder
- Katastrophenähnliche Ereignisse (Feuer, Hochwasser etc.)
- Besonders schwere Unfälle von Kindern
- Beschwerdevorgänge über die Einrichtung
- Vorgänge, die die Arbeitsfähigkeit des Teams infrage stellen
- Meldepflichtige Krankheiten nach dem Infektionsschutzgesetz
- Mängelfeststellungen und/oder Auflagen anderer Aufsichtsbehörden
- Umfangreiche Baumaßnahmen

Auf der 7. Stufe erfolgen arbeitsrechtliche Konsequenzen: Diese reichen von Arbeits- oder Dienstanweisungen, über Ermahnungen, Abmahnungen, Korrekturvereinbarungen, Versetzungen bis zur Kündigung.

Auf der 8. Stufe sind bei besonders schweren Fällen körperlicher Gewalt oder bei sexualisierter Gewalt die Strafverfolgungsbehörden zu informieren.

Teil II

7. Aufbau der Bildungsimpulse

Die hier angebotenen Bildungsimpulse eigenen sich zum Selbststudium. Insbesondere aber sollen sie Impulse geben für die Fachschul- und die Hochschullehre. Sie sollen Studierende und Fachschüler*innen dabei unterstützten, sich aktiv mit dem leider immer noch oftmals tabuisierten Thema ‚verletzendes Verhalten von Fach- und Lehrkräften in Bildungsinstitutionen gegenüber Kindern' auseinanderzusetzen. Es geht in den einzelnen Bildungsimpulsen darum, das Wissen um theoretische Grundlagen zu vertiefen, Handlungsmöglichkeiten zu erproben und Methoden professioneller Reflexion anzuwenden.

Die Bildungsimpulse eigenen sich besonders für Personen, die sich zum ersten Mal mit der Thematik beschäftigen, aber ebenso auch für diejenigen, die ihr Wissen zum Thema auf den neuesten Stand bringen wollen, ihr Handlungsrepertoire erweitern und neue Methoden professioneller Reflexion kennenlernen möchten. Es sind keine Musterlösungen aufgeführt. Die Reihenfolge, in der die Bildungsimpulse bearbeitet werden, ist nicht zwingend vorgegeben. Hier kann man je nach Bedarf eine Auswahl treffen und Schwerpunkte setzen. Die Fallbeispiele beruhen auf eigenen Beobachtungen der Autorinnen der Bildungsimpulse als Praktikantinnen während ihres Studiums der Kindheitspädagogik. Die Fallbeispiele wurden vollständig anonymisiert.

Die Bildungsimpulse folgen einem durchgängig eingehaltenen Aufbauschema: Auf eine kurze thematische Einführung, folgt eine Erläuterung zum Bildungsimpuls. Hierzu werden Fragen, Aufgaben und Anregungen formuliert. Die meisten Bildungsimpulse können sowohl in Einzel- als auch in Kleingruppenarbeit durchgeführt werden. Die in Einzelarbeit erstellten Ergebnisse in einer Gruppe zu präsentieren und gemeinsam zu reflektieren, ist bei allen Bildungsimpulsen sinnvoll und wird empfohlen. Daher wird dies nicht explizit in jedem Bildungsimpuls erwähnt.

Zur Ausprägung eines professionellen an Menschenwürde und Demokratie orientierten Habitus als pädagogische Fachkraft bzw. Lehrkraft ist es besonders wichtig, sich mit den eigenen Emotionen reflexiv auseinanderzusetzen. Um auch widerstreitende Emotionen zu visualisieren und einzuordnen, können Sie bei der Arbeit mit den hier vorgestellten Fallbeispielen diese ‚Land(karte) der Befindlichkeiten' nutzen.

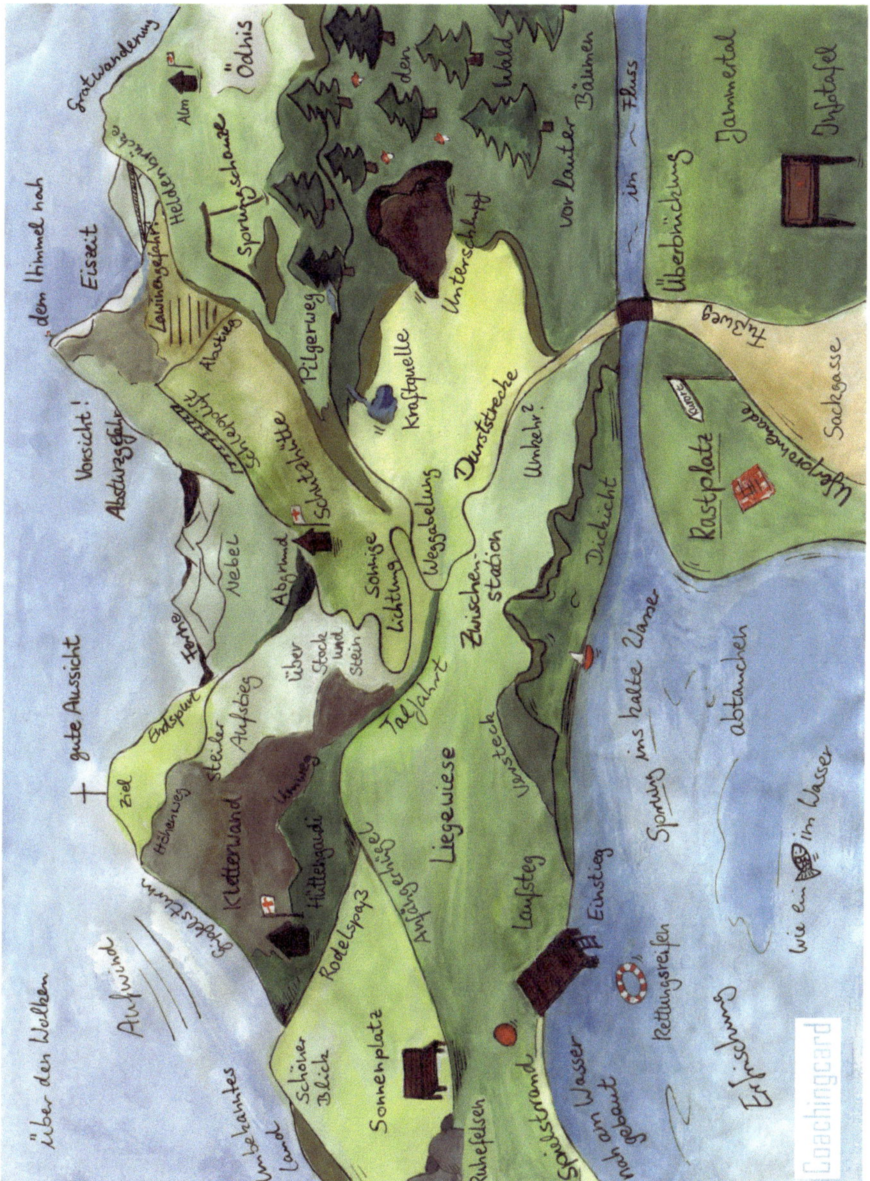

Abbildung 8: Land(karte) der Befindlichkeiten von www.coachingcard.de

8. Theoriewissen vertiefen

8.1 Ethische Grundlagen in der UN-Kinderrechtskonvention

Thematische Einführung

Insbesondere angehende pädagogische Fach- bzw. Lehrkräfte sollen die UN-Kinderrechtskonvention inhaltlich kennen. Geiger (2011) bringt diese Forderung an alle Erwachsenen in seinem Werk „Kinderrechte sind Menschenrechte!" auf den Punkt: „Mit der Konvention haben Erwachsene eine umfassende Verantwortung für das Heranwachsen von Kindern und Jugendlichen übernommen und diese Verantwortung verlangt von ihnen eine umfassende Wachsamkeit gegenüber ihrem eigenen Verhalten." (19). Diese Verantwortung soll gerade in Bildungsinstitutionen, die Vorbildcharakter haben, wahrgenommen werden. Pädagogische Fachkräfte sowie Lehrkräfte unterstützen Praktikant*innen dabei, professionell im Sinne der UN-Kinderrechtskonvention zu handeln und die dort benannten Rechte zu wahren. Tellisch/Prengel (2019) heben hervor, dass die Auseinandersetzung mit den ethischen Grundlagen der Kinderrechte wichtig ist, um die Beziehungsqualität in Kindertagesstätten zu verbessern (50). In diesem Bildungsimpuls wird zu einer Überprüfung des eigenen Wissens über die UN-Kinderrechtskonvention angeregt. Insbesondere soll der primäre Wert der Menschenwürde als ethische Grundlage herausgearbeitet werden.

Bildungsimpuls

Bitte bearbeiten Sie die folgenden fünf Fragen in der angegebenen Reihenfolge:

1. Welche Themenschwerpunkte vermuten Sie in der Präambel der UN-Kinderrechtskonvention?
2. Was vermuten Sie: Welche Artikel enthält die UN-Kinderrechtskonvention? Sammeln Sie mindestens zehn Vermutungen.
3. Lesen Sie nun die UN-Kinderrechtskonvention. Welche Artikel decken sich mit Ihrer Vermutung und welche fehlen in Ihrer ersten Sammlung?
4. Bitte schauen Sie sich die Artikel 2: ‚*Achtung der Kinderrechte/Diskriminierungsverbot*', Artikel 3: ‚*Wohl des Kindes*' und Artikel 8: ‚*Identität*' einmal näher an: Überlegen Sie, in welcher Weise der Grundwert ‚der Achtung der Menschenwürde' in den einzelnen Artikeln implizit zum Ausdruck kommt.
5. Die Artikel der UN-Kinderrechtskonvention enthalten zahlreiche ethische Anforderungen, die in Ihrer pädagogischen Tätigkeit Anwendung finden sollen. Bitte suchen Sie sich einen Artikel aus, der Sie besonders anspricht: Begründen Sie Ihre Wahl (biografisch, im Hinblick auf die gesellschaftliche Relevanz, fachlich etc.). Wie kann dieser Artikel in der Bildungsinstitution, die Sie bisher kennenlernen konnten, konkret umgesetzt werden?

8.2 Verletzende Verhaltensweisen und ihre Auswirkungen für Kinder

Thematische Einführung

Boll/Remsperger-Kehm (2021) definieren ‚verletzendes Verhalten‘: „(…) unter verletzendem Verhalten [wird] *jede Form und Intensität der Missachtung von Kindern und ihren Rechten* (gemäß UN-Kinderrechtskonvention) [verstanden].“ (32). Zudem haben die Autorinnen in ihrer Studie verletzende Verhaltensweisen in Mikro-, Makro- und Spiralgewalt kategorisiert (51). Mit diesen Kategorien von verletzenden Verhaltensweisen gegenüber Kindern kann man sich in diesem Bildungsimpuls näher befassen. Das Ziel ist, sich hiermit eine theoretische Grundlage zu erarbeiten, um verletzende Verhaltensweisen von Fach- bzw. Lehrkräften gegenüber Kindern professionell einordnen zu können. Zudem kann ein Bewusstsein dafür geschaffen werden, welche Auswirkungen verletzende Verhaltensweisen für Kinder haben und warum es für Praktikant*innen besonders wichtig ist, handlungsfähig zu bleiben, um nicht zu Bystandern zu werden.

Bildungsimpuls

1. Definieren Sie bitte die drei Kategorien von Gewalt nach Boll/Remsperger-Kehm (2021).

   Mikrogewalt | Makrogewalt | Spiralgewalt

2. Arbeiten Sie bitte anhand der Studie von Boll/Remsperger-Kehm (2021) die Unterschiede und die Überschneidungslinien der vier Formen von Gewalt heraus.

   körperliche Gewalt | psychische Gewalt | sexualisierte Gewalt | Vernachlässigung

3. Halten Sie zudem fest, welche Auswirkungen die jeweiligen verletzenden Verhaltensweisen für Kinder haben können.

8.3 Relevanz von Schutzkonzepten für Kinder

Thematische Einführung

Bildungseinrichtungen müssen zwingend ein Schutzkonzept vorweisen, damit ihnen die Erlaubnis erteilt werden kann, den Betrieb aufzunehmen. Das Konzept definiert Grenzverletzungen und beschreibt, wie mit Grenzverletzungen im pädagogischen Alltag verfahren wird. Angehende pädagogische Fachkräfte bzw. Lehrkräfte sollten sich mit dem jeweiligen Schutzkonzept der Bildungseinrichtung, die sie aufsuchen werden, intensiv auseinandersetzen. So können sie

Einblicke in bestehende Verfahrensabläufe in dieser Einrichtung zum Schutz der Kinder gewinnen. Sich daran zu orientieren, kann Sicherheit bieten, wenn sie im Praktikum Zeug*innen von verletzendem Verhalten von Fachkräften gegenüber Kindern werden und Handlungsbedarf besteht.

Bildungsimpuls

1. Analysieren Sie das Schutzkonzept der Einrichtung, die Sie als Praktikant*in aufsuchen werden: Welches Bild vom Kind liegt dem Schutzkonzept zugrunde? Liegt ein eher entmündigendes Verständnis vor, das auf einen Schonraum abzielt, oder ein Verständnis im Sinne der UN-Kinderrechtskonvention befähigendes Verständnis, welches die ‚drei P's' Schutzrechte (Protection), Förderrechte (Provision) und Beteiligungsrechte (Participation) in untrennbarer Wechselwirkung beschreibt?
2. Erstellen Sie anhand des Schutzkonzeptes einen Ablaufplan, wie Sie als Praktikant*in in einem Beschwerdefall konkret vorgehen könnten. Besprechen Sie Unklarheiten in dem von Ihnen erstellten Ablaufplan mit Ihrer Praxisanleitung und ergänzen Sie Ihren Plan. Die wichtigsten Ansprechpartner*innen sollten Ihnen dann namentlich sowie mit E-Mail-Adresse und Telefonnummer bekannt sein. Auf diese Informationen können Sie im Ernstfall zurückgreifen.
3. Wie soll gemäß den Vorgaben des Schutzkonzepts im Fall eines vermuteten Vorfalls sexualisierter Gewalt von Einrichtungsmitarbeiter*innen gegenüber einem Kind verfahren werden? Verfügt die Bildungseinrichtung lediglich über schriftlich fixierte Maßnahmen zum Schutz der Kinder vor sexualisierter Gewalt oder verfügt die Einrichtung über ein sexualpädagogisches Konzept, welches die drei P's der UN-Kinderrechtskonvention gleichermaßen im Blick behält?
4. Vergleichen Sie im Fachschulunterricht bzw. im Hochschulseminar die jeweiligen Schutzkonzepte. Suchen Sie gemeinsam nach Formulierungen, die einen sicheren, förderlichen, partizipativen Alltag von Kindern in einer Bildungseinrichtung unterstützen. Wo sehen Sie aus fachlicher Perspektive Veränderungsbedarfe? Bitte legen Sie Ihre Verbesserungsvorschläge schriftlich nieder und diskutieren Sie diese im Plenum.

8.4 Kompetenzmodell-Lückentext (nach einer Idee von Meike Renn)

Thematische Einführung

Das Kompetenzmodell nach Fröhlich-Gildhoff/Weltzien/Kirstein/Pietsch/Rauh (2014), welches in Kapitel 2 in diesem Buch ausführlich erörtert wird, bietet eine nützliche Reflexionsfolie für angehende pädagogische Fachkräfte bzw. angehende Lehrkräfte, die dabei sind, ihren professionellen Habitus auszuprägen. Dieser Bildungsimpuls ermöglicht, sich genauer mit diesem Modell auseinanderzusetzen.

Bildungsimpuls

Bitte tragen Sie in die Lücken die gesuchten Begriffe aus der Theorie zum Kompetenzmodell ein. Die Zahl in der Klammer gibt die Anzahl der Buchstaben vor.

1. Kompetenzen lassen sich auf der Ebene der ___________ (11) und __________ (10) unterscheiden.
2. Die Performanz beinhaltet Handlungs____________ (12), Handlungs_______ (7) und Handlungsrealisierung.
3. Der Begriff der Disposition umfasst fachlich-theoretische _______________ (15), habituelles und reflektiertes ________________ (16) sowie ____________________ (20) in Form von prozeduralem, methodisch-praktischem Wissen.
4. Zwischen der Disposition und der Performanz liegt die _____________________ (14/7).
5. Der Habitus ist __________ (10), ___________ (11) und berufsbiografisch geprägt und steht hinter jedem professionellen Handlungsvollzug.
6. Die Vermittlungsinstanz zwischen Disposition und Performanz fasst zum einen die Erweiterung von __________ (10) und Methodenkenntnissen sowie die Reflexion der ______ (6) und dem eigenen _______ (7) in der Praxis.
7. Reflexions- und _________________________ (25) ist notwendig, um in Situationen unterschiedliche Perspektiven einnehmen zu können und diese anhand von theoretischem Wissen, reflektiertem Erfahrungswissen und Forschungskompetenzen zu analysieren.
8. Das Konstrukt der _________ (9) kann als etwas angesehen werden, das von den professionellen Akteur*innen selbst hergestellt werden muss.
9. Eine __________ (10) Haltung ist hilfreich, um die Struktur und Bedeutung einer Situation systematisch, von ________________ (16) geleitet zu erschließen.
10. Das Kompetenzmodell dient als _______________ (15) für Professionelle in allen Bildungsbereichen.

Lösungen: 1. Disposition/Performanz; 2. Handlungsbereitschaft/Handlungsplanung; 3. Wissensbestände/Erfahrungswissen/Handlungspotenziale; 4. professionelle Haltung; 5. persönlich/biografisch; 6. Fachwissen/Praxis/Handeln; 7. Selbstreflexionsfähigkeit; 8. Kompetenz; 9. Forschende/Forschungsfragen; 10. Reflexionsfolie

8.5 Solidarität mit Kindern erkennen (nach einer Idee von Anna-Lena Föll)

Thematische Einführung

Wie in Kapitel 4 beschrieben, hat Prengel (2019) ihre Forschung anerkennungstheoretisch fundiert und dabei Anerkennungsformen von Honneth (1994) aus einer erziehungswissenschaftlichen Perspektive reformuliert. Der

Anerkennungsbegriff nach Prengel steht hier im Fokus. Ziel ist es, Gelegenheit zu geben, das eigene Theoriewissen zu überprüfen und darauf aufbauend diesen pädagogischen Fachbegriff anhand von Fallbeispielen zu erproben.

Bildungsimpuls

Bitte bearbeiten Sie die folgenden Aufgaben in der angegebenen Reihenfolge:

1. Welche drei Anerkennungsformen formuliert Prengel (2019) und wie werden sie definiert?
2. Wie wurden die Begriffe für Bildungseinrichtungen von Prengel (2019) reformuliert. Arbeiten Sie die Unterschiede zu den Anerkennungsbegriffen von Honneth (1994) heraus.
3. Lesen Sie bitte die folgenden Fallbeispiele. Die Namen der Akteur*innen wurden pseudonymisiert. Halten Sie begründet fest, welche Anerkennungsformen zu erkennen sind. Tauschen Sie sich in einer Gruppe über Ihre Einschätzungen aus.

Fallbeispiel 1:
„‚Dein Geburtstag ist freitags, freitags bin ich ja aber nie da, magst du, dass ich mitfeiere?‘ fragt Frau Müller. Klaus nickt, worauf sie meint: ‚Okay, weiß ich Bescheid.‘ Danach gibt sie ihm noch einen ‚coolen Stift‘, damit er etwas auf dem Plan malen kann. Interpretation: Da Frau Müller die ‚Bezugserzieherin‘ von Klaus ist, bietet sie ihm an, extra an diesem Tag zu kommen.“ (Tellisch/Prengel 2019, 44)

Fallbeispiel 2:
„Ein Mädchen liegt auf einer Bank im Außengelände. Frau Neumann geht zu ihm und fragt es, ob alles in Ordnung ist. Das Mädchen antwortet, dass es müde ist. Frau Neumann holt aus einem hölzernen Häuschen ein Sitzkissen und legt es auf die Bank unter den Rücken des Kindes. Dann setzt sich Frau Neumann neben das Mädchen und streichelt seine Haare. Das Mädchen schließt die Augen“ (Tellisch/Prengel 2019, 46).

Fallbeispiel 3:
„Die Schüler[*innen] arbeiten an ihren Aufgaben, nur Markus sitzt noch immer untätig an seinem Tisch. Die Lehrerin Frau S. geht auf ihn ein: ‚Markus was ist los? Möchtest du dir nichts aussuchen? Möchtest du gedrückt werden? Möchtest du Seilspringen?... Gar nichts?‘ Er schüttelt den Kopf. Sie fragt weiter: ‚In die Leseecke? ...Was ist heute los mit dir, musst du erst mal ankommen? Dann geh in die Leseecke und ich wünsche dir sehr, dass du heute wieder bessere Laune bekommst. Wir haben heute nämlich noch etwas zu feiern.‘ (Prengel 2019, 111 f)

9. Handlungsmöglichkeiten erproben

9.1 Demokratie im Handeln und Sprechen (nach einer Idee von Sophie Macher)

Thematische Einführung

Der folgende Bildungsimpuls greift die Bedeutung von Demokratie für Bildungsprozesse von Kindern auf. In Kapitel 3 dieses Buches wird deutlich, dass gelingende Bildungsprozesse nur auf Basis von Demokratie möglich sind. Nach Prengel (2019) spielt dafür vor allem auch eine pädagogische Beziehung, die von „Anerkennung, Achtung und Wertschätzung“ geprägt ist, eine entscheidende Rolle (15). An dieser Stelle kann Bezug auf die ‚zehn Leitlinien der Reckahner Reflexionen‘ genommen werden. Anhand dieser zehn Leitlinien wird zwischen pädagogischen Handlungen, die „ethisch begründet“ bzw. „ethisch unzulässig“ sind unterschieden (Prengel 2019, 133).

Diesbezüglich muss auch die Machtposition pädagogischer Fachkräfte gegenüber Kindern in den Blick genommen werden, die sie u.a. aufgrund von Wissens- und Erfahrungsvorsprüngen innehaben. Der Bildungsimpuls lädt dazu ein, sich das Machtverhältnis zwischen Kindern und Erwachsenen bewusst zu machen. Ziel ist es, das vorliegende Fallbeispiel so zu verändern, dass Demokratie im Handeln und Sprechen der pädagogischen Fachkraft erkennbar wird und dadurch Bildungsprozesse von Kindern angeregt werden.

Bildungsimpuls

1. Bitte lesen Sie sich das folgende Fallbeispiel aufmerksam durch und arbeiten Sie anschließend in Kleingruppen (ca. 3–4 Personen) weiter.
   Fallbeispiel:
   Es ist ein sonniger, aber noch recht kühler Frühlingstag. Die Kinder einer Kindertageseinrichtung sind auf dem Weg in den Garten. Toni (4;6) zieht seine Jacke nicht an. Eine pädagogische Fachkraft spricht ihn an: „Toni, zieh deine Jacke an und geh dann nach draußen“. Als er die Jacke noch immer nicht anzieht, nimmt die pädagogische Fachkraft sie vom Haken, hält Toni fest und zieht sie ihm an. Toni schlägt um sich und fängt an zu weinen. Die pädagogische Fachkraft sagt: „Toni, jetzt mach' nicht schon wieder Theater und zieh die Jacke an, es ist noch viel zu kalt. Die anderen Kinder sind längst draußen und du bist mal wieder der Letzte, weil du bockig bist.“

2. Stellen Sie mit zwei Mitgliedern Ihrer Kleingruppe eine Sequenz aus dem Fallbeispiel mithilfe eines Standbildes nach.
   Akteur*innen: Wie fühlen Sie sich?
   Beobachter*innen: Wie würden Sie sich als Akteur*in fühlen? Welche Gefühle werden Ihnen vermittelt?
   Lösen Sie das Standbild wieder auf.
3. Sehen Sie sich die ‚Land(karte) der Befindlichkeiten' an. Betrachten Sie die Situation aus Tonis Perspektive. Wie könnte er sich dabei fühlen? An welcher Stelle in der ‚Land(karte) der Befindlichkeiten' könnte sich die pädagogische Fachkraft Ihrer Ansicht nach wiederfinden?
   Tipp: Reflektieren Sie die Machtposition der pädagogischen Fachkraft.
4. Fassen Sie gemeinsam zusammen, welche Aspekte am Handeln und Sprechen der pädagogischen Fachkraft nicht demokratisch sind.
5. Schreiben Sie das Fallbeispiel so um, dass Demokratie sowohl im Handeln als auch im Sprechen der pädagogischen Fachkraft erkennbar wird.
6. Stellen Sie die Situation mithilfe eines Standbildes erneut nach.
   Akteur*innen: Wie fühlen Sie sich jetzt – im Vergleich zur vorherigen Situation?
   Beobachter*innen: Wie würden Sie sich als Akteur*in fühlen? Welche Gefühle werden Ihnen vermittelt?
   Experimentieren Sie mit weiteren Standbildversionen, bis Sie die Situation für angemessen demokratisch und wertschätzend erachten. Begründen Sie Ihre Lösung aus fachlicher Sicht und stellen Sie Ihre Version im Plenum vor.
7. Gibt es im Plenum eine einzige, ultimative Lösung oder sind mehrere Versionen überzeugend?

9.2 Demokratielernen am Beispiel von Leon und Jelena (nach einer Idee von Anna-Lena Föll)

Thematische Einführung

In den vorhergegangenen Kapiteln, vor allem in Kapitel 3 ‚Das Recht auf Gewaltfreiheit in der Betreuung, Erziehung und Bildung von Kindern' in diesem Buch wurde deutlich, dass sich bereits in Kindertageseinrichtungen zahlreiche Chancen der Partizipation bieten. Beispielhaft wird dies aufgezeigt in den Geschichten von Rüdiger Hansen und Reingard Knauer. Die Bilderbuchprotagonisten Jelena und Leon nehmen aktiv am demokratischen Leben teil, Lernen in ihrer Kindertageseinrichtung und bestimmen mit bei der Gestaltung des Alltags in der Bildungseinrichtung. Die Bilderbücher sind für Kinder und Erwachsene, die sich für eine demokratische Gestaltung von Bildungsprozessen in Kindertageseinrichtungen interessieren und stark machen wollen, gleichermaßen aufschlussreich.

Bildungsimpuls

Wählen Sie sich bitte ein Bilderbuch über Leon und Jelena (Hansen/Knauer 2015, 2017, 2019, 2022, 2023) aus, welches Sie thematisch anspricht. Bearbeiten Sie nach der Lektüre bitte folgende Fragen und begründen Sie Ihre Antworten aus fachlicher Perspektive:

- Besprechen Sie anhand der Land(karte) der Befindlichkeiten, wie es Ihnen mit Ihrer Geschichte von Leon und Jelena ging.
- Ziehen Sie die UN-Kinderrechte zurate: Welche Kinderrechte werden im Umgang mit den Kindern in dem von Ihnen gewählten Bilderbuch erfüllt? Auf welche Weise werden sie umgesetzt?
- Welches Bildungsverständnis zeigt sich im Bilderbuch?
- Woran erkennt man in dieser Geschichte, dass die Würde des Kindes wahrgenommen wird?
- Haben Sie bereits ähnliche Erfahrungen in der Praxis sammeln können? Wie haben die pädagogischen Fachkräfte gehandelt? Welche Gefühle hat dies bei Ihnen ausgelöst? Auch hier können Sie wiederum die ‚Land(karte) der Befindlichkeiten' einsetzen.

9.3 Filmanalyse: „Am Wickeltisch" (nach einer Idee von Katharina Hauptmann)

Thematische Einführung

Über den QR-Code oder den unten stehenden Link kann das im Theorieteil erläuterte Bildungsangebot aus einer Krippe (Ferdinand 2014) abgerufen werden. Der folgende Bildungsimpuls dient dazu, die Interaktion zwischen Kind und Fachkraft auf unterschiedlichen Ebenen zu beobachten und zu reflektieren.

https://drive.google.com/file/d/0B38i5kqBzqC2NGloVIFKbFFhalU/view?resourcekey=0-hQE__RgJQXFQBacj5hC9FA

Bildungsimpuls

Sehen Sie sich bitte die Filmsequenz an und bearbeiten Sie folgende Fragen. Begründen Sie jeweils Ihre Antwort und Einschätzungen aus einer fachlichen Perspektive.

- Welchen Einfluss hat die räumliche Ausstattung auf die Interaktion zwischen Fachkraft und Kind?
- Erstellen Sie anhand der Videoaufnahme Vignetten nach Tellisch/Prengel (2019) und schätzen Sie die Kommunikation professionell ein (siehe Kapitel 5). Zeigt sich in den Vignetten ein verletzendes, ambivalentes oder anerkennendes Verhalten der pädagogischen Fachkraft? Begründen Sie Ihre Einschätzung aus einer fachlichen Perspektive.
- Findet hier Bildung statt? Begründen Sie Ihre Antwort anhand des in Kapitel 3 vorgestellten Bildungsbegriffs mit Hilfe des Modells nach Kölsch-Bunzen (2017).
- Nehmen Sie eine abschließende Einschätzung vor. Was ist in dieser Situation fachlich gut gelungen und wo sehen Sie Verbesserungsbedarf?

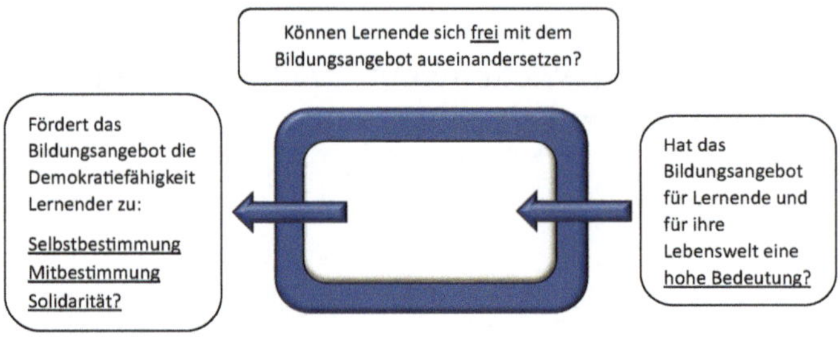

Abbildung 9: Eigene Darstellung von Kölsch-Bunzen (2021, 17), demokratische Bildungsangebote für Kinder gestalten

9.4 Verletzendes Verhalten in seiner emotionalen Dimension erkennen, fachlich einschätzen, Lösungsversionen finden und Möglichkeiten der Wiedergutmachung ausloten (nach einer Idee von Anna-Lena Föll)

Thematische Einführung

Der hier vorgestellte Bildungsimpuls ist komplex. Sechs Fallbeispiele aus der Kindertageseinrichtung bzw. dem Bereich der Grundschule werden zur Auswahl gestellt und können dann in fünf Schritten bearbeitet werden:

- Schritt 1: Was ist der Fall? Um welchen Konflikt handelt es sich und wie wurde er seitens der pädagogischen Fachkraft bzw. der Lehrkraft bearbeitet?
- Schritt 2: Welche Assoziationen und Emotion löst das Fallbeispiel bei mir und anderen aus?
- Schritt 3: Wie ist die Kommunikation im Fallbeispiel fachlich einzuschätzen?
- Schritt 4: Wie hätte die im Fallbeispiel beschriebene Konfliktsituation professionell gelöst werden können?
- Schritt 5: Welche Möglichkeiten der Entschuldigung und Wiedergutmachung lassen sich anhand des Fallbeispiels ausmachen?

Bildungsimpuls

Bitte wählen Sie eines der folgenden Fallbeispiele aus der Kindertageseinrichtung bzw. dem Bereich der Grundschule aus, welches Sie genauer analysieren möchten:

Fallbeispiel 1:
Jana möchte ihr Mittagessen nicht aufessen. Die pädagogische Fachkraft Miriam weist Jana jedoch mehrmals darauf hin, da sie nochmals einen Nachschlag wollte. Jana weigert sich weiterhin und sagt, dass sie satt ist. Daraufhin geht die pädagogische Fachkraft zu ihr und schiebt ihr das Essen in den Mund.

Fallbeispiel 2:
Alle Kinder sowie die pädagogischen Fachkräfte sammeln sich auf dem Morgenkreisteppich und warten, um mit dem Begrüßungslied in den Tag zu starten. Da bemerkt Petra, eine Pädagogin, dass sich Carl (2,6 Jahre) gerade eingenässt hat. Dieser ist gerade in der Phase des Trocken-Werdens und zeigt im Alltag deutliches Interesse am Toilettengang. Petra nimmt Carl, stellt ihn in die Mitte des Sitzkreises und sagt: „So, jetzt wollten wir eigentlich mit dem Morgenkreis anfangen. Das können wir jetzt aber nicht, weil sich Carl in die Hose gemacht hat. Da könnt ihr euch bei ihm bedanken.“ Sie nimmt Carl an die Hand, schimpft mit ihm und geht mit ihm in den Wickelraum nebenan.

Fallbeispiel 3:

Alle Kinder, die in der Kindertageseinrichtung schlafen möchten, legen sich auf ihre Schlafmatte. Sie sind zugedeckt und bereit für den Mittagsschlaf. Als es im Raum ruhiger wird, beginnt die dreijährige Eva zu lachen. Auf das kurze Ermahnen seitens der Fachkraft, fängt Eva laut an zu schreien. Daraufhin greift Fachkraft Isabel Eva am Arm, sodass ihre Beine in der Luft baumeln. Isabel stellt Eva vor der Tür des Schlafraums ab. Sie schreit Eva an: „Jetzt ist Schluss! Die anderen Kinder möchten schlafen!".

Fallbeispiel 4:

Die Essensausgabe in der Schulmensa hat bereits begonnen. Ein Kind kommt anschließend dazu. Da es zu spät angekommen ist, muss es, so bestimmt es die Aufsicht führende Lehrkraft, neben den Tischen stehen bleiben, bis alle Kinder ihr Essen bekommen haben. Erst danach darf es sich dazusetzen.

Fallbeispiel 5:

In einem Grundschulhort gibt es panierte Fleischbällchen und Salat zum Mittagessen. Eine Fachkraft spricht ein Kind laut und in scharfem Ton an: „Iss lieber deinen Salat statt so viel fettes Fleisch. Das würde dir nicht schaden."

Fallbeispiel 6:

Eine Lehrkraft sagt zu einem Kind, das sich auf eine Aussage seiner Mutter beruft: „Jaja, deine Mama weiß eh immer alles besser, die ist die Schlauste überhaupt."

Bilden Sie Kleingruppen mit mindestens drei Personen. Gehen Sie in dieser Schrittfolge vor:

1. <u>Was ist der Fall:</u> Arbeiten Sie in der Kleingruppe heraus, worin der Konflikt zwischen Fach- bzw. Lehrkraft und Kind besteht. Versuchen Sie den Konflikt in einem Satz auf den Punkt zu bringen. Beschreiben Sie dann, wie in diesem Fallbeispiel der Konflikt seitens der Fach- bzw. Lehrkraft gelöst wird.
2. <u>Welche Assoziationen und Emotion löst das Fallbeispiel bei mir und anderen aus:</u> Was empfinden Sie, wenn Sie beginnen, sich mit dem Fallbeispiel Ihrer Wahl zu befassen? Tauschen Sie sich in der Kleingruppe aus. Nehmen Sie die ‚Land(karte) der Befindlichkeiten' zu Hilfe. Lassen Sie unterschiedliche Assoziationen und Emotionen so, wie sie zum Ausdruck gebracht werden, stehen. Hier geht es zunächst einmal darum, Assoziationen und Emotionen zuzulassen und wahrzunehmen, dass ein und dieselbe Situation ganz unterschiedliche Wirkungen entfalten kann.
3. <u>Wie ist die Kommunikation in diesem Fallbeispiel fachlich einzuschätzen:</u> Schätzen Sie nun in einem weiteren Schritt das Verhalten der pädagogischen Fachkraft bzw. der Lehrkraft anhand der Kategorisierung nach Tellisch/Prengel (2019) bzw. nach Prengel (2019) fachlich ein.
4. <u>Wie hätte die im Fallbeispiel beschriebene Konfliktsituation professionell gelöst werden können?</u> Welche Lösungsversionen finden Sie: Stellen Sie die Situation mit Brettspielfiguren nach. Zeichen Sie einen ‚Handlungsraum' auf ein großes Blatt Papier auf und nutzen Sie dieses als ‚Spielfläche' für die Figuren.

- Wie könnte die Konfliktsituation verändert werden, sodass kein verletzendes Verhalten stattfindet?
- Wie könnte die Konfliktsituation als Bildungsanlass professionell genutzt werden, damit eine gelungene, demokratische Situation für das Kind und alle Beteiligten entstehen kann?
- Arbeiten Sie mit mehreren Lösungsversionen. Halten Sie die verschiedenen Versionen, die in Ihrer Gruppe zur Diskussion gestellt werden, als Fotografien fest.
- Reflektieren Sie, ob die Interaktion bei der jeweiligen Lösungsversion aus einer an der Menschenwürde orientierten, demokratischen fachlichen Haltung heraus als gelungen eingeschätzt werden kann. Gibt es die ultimative Lösung oder gibt es mehrere Lösungswege, die aus fachlicher Sicht positiv beurteilt werden können?

5. Welche Möglichkeiten der Entschuldigung und Wiedergutmachung lassen sich anhand des Fallbeispiels ausmachen:

- Was wird dem Kind in der jeweiligen Lösungsversion vermittelt?
- Stellen Sie Vermutungen an: Wie könnte die pädagogische Fachkraft bzw. die angehende Lehrkraft die jeweilige Lösungsversion auffassen?
- Welche Lösungsversion könnten Sie als angehende pädagogische Fachkraft bzw. als angehende Lehrkraft am besten annehmen? Begründen Sie Ihre Einschätzung aus einer biografischen Perspektive.
- Wie könnte nach dem verletzenden Verhalten im Fallbeispiel eine Entschuldigung und Wiedergutmachung aussehen, bei der alle Akteur*innen ihre Würde bewahren können?
- Wie könnte dies als Bildungsanlass gestaltet werden?

9.5 Bildungsanlässe erkennen und nutzen

Thematische Einführung

Bildung, Erziehung und Betreuung in Kindertagesstätten sind unter dem unerlässlichen Aspekt von Demokratie und Menschenwürde zu betrachten. Im SGB VIII § 22 wird hierzu der gesetzliche Auftrag für Kindertagesstätten formuliert. Wie Viernickel et al. beschreiben, stecken hinter diesen drei Begrifflichkeiten Verantwortung und Vorstellungen. „An das System der Tageseinrichtungen für Kinder werden hohe Erwartungen herangetragen. Kindertageseinrichtungen verbinden einen Erziehungs-, Bildungs- und Betreuungsauftrag, um die kindliche Entwicklung und Bildung zu fördern, die familiäre Erziehung und Bildungsförderung zu unterstützen und zu ergänzen sowie Eltern zu ermöglichen, Erwerbstätigkeit und Kindererziehung miteinander zu vereinbaren" (Viernickel et al. 2015, 15). Dabei ist es wichtig, Bildung nicht nur im institutionellen Kontext zu sehen, so Grundmann und Autoren. Die lebensweltliche Bildung, welche täglich in Familien, peer- und sozialen Interaktionen stattfinde, habe vorrangig keinen sogenannten verwertbaren Nutzen für die Institutionen, sei deswegen jedoch nicht weniger wertvoll für Kinder (Grundmann et al. 2016, 58). Der Bildungsimpuls soll veranschaulichen in welchen Alltagssituationen in Kindertagesstätten und Grundschulen geglückte demokratische Bildungserfahrungen zu finden sind. Als Einschätzungsgrundlage kann auch an dieser Stelle das Modell von Kölsch-Bunzen (2021) aus Kapitel 3 in diesem Buch herangezogen werden. Das Modell zeigt auf, welche Faktoren erfüllt sein müssen, damit von einer geglückten, demokratischen Bildungserfahrung gesprochen werden kann.

Abbildung 10: Eigene Darstellung von Kölsch-Bunzen (2021, 17), demokratische Bildungsangebote für Kinder gestalten

Bildungsimpuls

Im Folgenden finden Sie vier Alltagssituationen aus den Bereichen Kindertageseinrichtung bzw. Grundschule. Analysieren Sie die Fallbeispiele anhand des Schaubildes: Welche Aspekte von Bildung sind erfüllt? Woran erkennen Sie, dass Bildung stattfindet. Begründen Sie Ihre Auffassung aus fachlicher Perspektive.

Fallbeispiel 1:

Es ist Freispielphase in einer Kindergarten-Gruppe. Vier Kinder spielen zusammen ein Gesellschaftsspiel am Tisch. Als sie damit fertig sind, steht eines der Kinder auf, um ein neues Spiel aus dem Schrank zu holen. Das gerade verwendete Spiel schieben sie beiseite und bauen das Neue auf. Der Erzieher Nils beobachtet ihr Tun und geht auf die Kinder zu. Er bittet sie, das alte Spiel aufzuräumen. Mika fragt: „Wieso? Wir räumen es sicher später auf." Nils erklärt, wieso es ihm wichtig ist, dass das Spiel direkt aufgeräumt wird. Er äußert die Befürchtung, dass sonst Teile von den Spielen verloren gehen können oder sich beim Aufräumen in den Schachteln vermischen. Zudem gibt er scherzhaft zu bedenken, wie es hier im Gruppenraum aussehen würde, wenn alle Kinder erst nach dem Freispiel aufräumen würden. Mohamet erzählt, dass oft die Würfel in einem Spiel fehlen würden oder Spielfiguren und es dann schade ist, wenn man das Spiel dann nicht richtig spielen kann. Die Kinder räumen das zuerst gespielte Spiel gemeinsam ein und beginnen mit dem Neuen.

Fallbeispiel 2:
Heute ist es regnerisch und die Kinder können mittags nicht in den Hof, um sich draußen zu bewegen und zu spielen. Zudem fehlt eine pädagogische Fachkraft in der Gruppe. Zusammen beschließen die Kinder und das Team einen großen Sitzkreis zu machen. Alle Kinder setzen sich gemütlich auf den Boden. Gemeinsam wird gesungen, Bewegungsspiele werden gespielt und Fingerspiele gesprochen, welche die Kinder gemeinsam aussuchen. Als nun langsam die Abholzeit beginnt, entstehen Gespräche in der Gruppe. Kinder berichten allen von ihren Erlebnissen am Wochenende und was sie heute noch vorhaben. Die pädagogischen Fachkräfte stehen unterstützend zur Verfügung, damit jedes Kind, das etwas sagen möchte, auch die Möglichkeit bekommt.

Fallbeispiel 3:
Schüler und Schülerinnen einer Grundschulklasse sitzen in der Eingangshalle auf Podeststufen, lachen und reden miteinander. Es haben sich kleine Grüppchen gebildet. Ein Kind bitte den Lehrer Herrn B. sein Akkordeon zu holen. Herr B. geht dieser Bitte nach und fordert alle auf, die das Lied kennen, mitzusingen. Viele Kinder stimmen schon nach den ersten Tönen mit ein und nach wenigen Sekunden singt die ganze Klasse. Herr B. nickt immer wieder aufmunternd seiner Klasse zu. Dies animiert sie zum lauten Singen. Als die Klasse mehrere Strophen gesungen hat, hört Herr B. auf, klatscht in die Hände und lobt die Klasse für den lauten und tollen Gesang. Viele Kinder strahlen und sehen glücklich aus (angelehnt an Prengel 2019, 113).

Fallbeispiel 4:
Die Schüler[*innen] arbeiten an ihrer Aufgabe, nur Markus sitzt noch immer untätig an seinem Tisch. Die Lehrerin Frau S. geht auf ihn ein: „Markus was ist los? Möchtest du dir nichts aussuchen? Möchtest du gedrückt werden? Möchtest du Seilspringen? ... Gar nichts?" Er schüttelt den Kopf. Sie fragt weiter: „In die Leseecke? ... Was ist heute los mit dir, musst du erst mal ankommen? Dann geh in die Leseecke und ich wünsche dir sehr, dass du heut wieder bessere Laune bekommst. Wir haben heute nämlich noch etwas zu feiern." (angelehnt an Prengel 2019, 111 f).

9.6 Gewaltfreie Kommunikation nach Marshall B. Rosenberg

Thematische Einführung

Im Praktikum verletzendes Verhalten von Fach- bzw. Lehrkräften an Kindern in Bildungsinstitutionen zu beobachten, kann hochgradig verunsichernd wirken. Aus einem mehr oder weniger heiteren Himmel steht dieses insbesondere für das betroffene Kind, aber auch für alle anderen Personen höchst unangenehme Ereignis im Raum. Lernende im Praktikum als Bildungsangebot, die darauf vorbereitet sind, dass derartig unangenehme Ereignisse eintreten können, verfügen dann bereits über einige Handlungsmöglichkeiten.

Zunächst sollte Solidarität mit dem Kind gezeigt werden: Man könnte Blickkontakt zum Kind aufnehmen, sich in die Nähe des Kindes begeben.

Da in einer akuten Konfliktsituation ein ausführliches Konfliktgespräch nach Schulz von Thun (2020) und Benien (2019), welches einer sorgfältigen Vorbereitung und Nachbereitung bedarf, nicht geführt werden kann, ist es hilfreich zu überlegen, welche sprachliche Äußerung vor Ort angemessen sein könnte. Praktikant*innen sollen und wollen nicht zu Bystandern werden. Dem betroffenen Kind, auch wenn es vielleicht noch nicht jedes Wort aufnehmen kann, wird signalisiert: „Hier legt jemand Widerspruch ein!“ Auch der Fachkraft bzw. der Lehrperson sowie allen Umstehenden kann dies verdeutlicht werden.

Die ‚Gewaltfreie Kommunikation‘ nach Rosenberg (2013) bietet in akuten Konfliktsituationen eine geeignete Methode, um angemessen eine erste sprachliche Reaktion auf ein gewaltförmiges Geschehen vorzubringen.

Gewaltfreie Kommunikation ist selbstverständlich kein Allheilmittel, aber es kann als erstes Statement ein später erfolgendes Fachgespräch auf Augenhöhe eröffnen. Es bedarf einiger Übung im geschützten Rahmen von Lehr-Lernprozessen an Fachschulen bzw. Hochschulen, um in Konfliktsituationen, die mit dem verletzenden Verhalten einer Fach- bzw. Lehrkraft gegenüber einem Kind verbunden sind, bereits als Praktikant*in gewaltfrei kommunizieren zu können.

Dieser Bildungsimpuls will dazu anregen, sich mit der Vorgehensweise nach Rosenberg (2013) auseinanderzusetzen und sie zu erproben. Rosenberg (2013) hat vier Schritte erarbeitet, nach denen vorgegangen werden kann, um gewaltfrei zu kommunizieren. Dieses Vorgehen eignet sich für eine mündliche Intervention, jedoch auch zum Verfassen eines Briefes oder einer E-Mail, die als Einladung zu einem Konfliktgespräch dienen könnten.

Die vier Schritte nach Rosenberg sollen an einem Beispiel vorgestellt werden:

Ein Praktikant erlebt folgende Szene in einer Kindertageseinrichtung mit: Zum Nachtisch gibt es für alle Kinder eine Banane. Ein Kind isst die Banane nicht vollständig auf. Die neben ihm sitzende Fachkraft schaut missbilligend auf den Teller, ergreift das letzte Stück Banane und schiebt es dem widerstrebenden Kind in den Mund. Das Kind beginnt zu weinen. Im Sinne einer gewaltfreien Kommunikation nach Rosenberg (2013) spricht der Praktikant die Fachkraft an. Es entsteht hierfür ein Zeitbedarf von unter zwei Minuten. Er äußert kurz und präzise seine Beobachtung, teilt sein Gefühl mit, spricht über sein Bedürfnis an dieser Stelle und äußert schließlich eine Bitte.

1. Beobachtung: Zunächst wird eine konkrete Beschreibung der erlebten Situation kurz und präzise gegeben. Was wurde gehört, gesehen und getan? Ziel dabei ist es, die eigenen Beobachtungen sachlich korrekt wiederzugeben. Hier soll eine Anklage vermieden werden.
   „Ich habe gesehen, dass Sie dem Kind das letzte Stück Banane in den Mund geschoben haben, obwohl es sich sichtlich gewehrt hat. Es hat angefangen zu weinen und gezeigt, dass es nicht mehr essen will."
2. Gefühle: Anschließend wird das eigene Gefühl zu der beschriebenen Situation geäußert. Dabei kann ein und dieselbe Situation bei Menschen sehr unterschiedliche Gefühle auslösen. Angesichts der hier vorgestellt Situation kann man beispielsweise ärgerlich, ängstlich, bestürzt, betroffen, durcheinander, erschreckt, erschüttert, hilflos, traurig, verwirrt, wütend, zornig sein. All diese Gefühle sind keineswegs ‚unprofessionell'. Es wäre allerdings unprofessionell, diese Gefühle einfach zu übergehen. Wichtig ist hier, dass man möglichst genau das vorherrschende eigene Gefühl zum Ausdruck bringt. Es sollten keine Unterstellungen getätigt werden, nach dem Motto: „Ich fühle, dass Sie übergriffig sind." oder: „Ich fühle, dass Sie das Kind nicht ernst nehmen." Hier handelt es sich nicht wirklich um Gefühle, sondern es werden lediglich Vermutungen über die Motive der anderen Person formuliert. Über die Motive jedoch kann letztlich nur die betreffende Person selbst Auskunft geben. Hier geht es nun aber nicht um Unterstellungen, sondern darum, die eigenen Gefühle mitzuteilen. Für die eigenen Gefühle übernehmen wir die Verantwortung und lassen sie uns auch nicht ausreden.
   „In der Situation habe ich mich (beispielsweise) hilflos gefühlt."
3. Bedürfnisse: Danach äußern wir ein Bedürfnis, von dem wir vermuten können, dass es breit geteilt wird. Ein Bedürfnis nach Akzeptanz, Wertschätzung, Empathie, Respekt, Verständnis etc. bietet die Chance, dass eine gemeinsame ethische Basis hergestellt werden kann.
   „Ich fühle mich in dieser Situation (beispielsweise) hilflos, weil mein Bedürfnis nach Respekt gegenüber dem Kind nicht erfüllt ist."
4. Bitte: Schließlich wird eine Bitte formuliert. So kann beispielsweise darum gebeten werden, ob das bisher Gesagte bitte einmal wiederholt werden kann. Diese Bitte muss frei von Anklage sein. Es geht lediglich darum, in Erfahrung zu bringen, was von dem Gesagten beim Gegenüber angekommen ist. Diejenige Person, an die diese Bitte gerichtet ist, wird nur um Wiederholung gebeten und nicht etwa darum, die Sichtweise anzunehmen oder zu akzeptieren. Wichtig ist bei dieser Form der Kommunikation, dass eine andere Sichtweise auf eine gemeinsam erlebte, schwierige Situation deutlich werden kann.
   „Ich habe eine Bitte: Ich möchte gern erfahren, ob ich mich verständlich machen konnte. Könnten Sie bitte wiedergeben, was ich gerade gesagt habe."

Bildungsimpuls

1. Kommen Sie in Kleingruppen zusammen oder bearbeiten Sie die Aufgabe zunächst als Einzelarbeit. Lesen Sie die Fallbeispiele unten bitte durch und entscheiden sich für eines.
2. Gehen Sie nun die einzelnen Schritte nach Rosenberg durch (Beobachtung, Gefühl, Bedürfnisse und Bitte). Formulieren Sie entweder Aussagen, die Sie in einem Gespräch sagen würden oder schreiben Sie einen Brief.
3. Stellen Sie sich gegenseitig in der Kleingruppe ihre Ergebnisse vor. Diskutieren Sie die einzelnen Ausarbeitungen. Was ist gut gelungen oder an welchen Stellen wird Verbesserungsbedarf gesehen? Begründen Sie dabei immer Ihre Kritik aus einer fachlichen Perspektive.

Fallbeispiel 1:
Gemeinsam wurde im Gruppenraum zu Mittag gegessen. Der dreijährige Anton redet in normaler Lautstärke mit den Kindern an seinem Tisch, nimmt ab und zu einen Bissen von seinem Essen und spielt ein wenig damit. Die Erzieherin Frau Costa ermahnt ihn mehrmals, dass er doch essen und ruhig sein soll. Nach ungefähr drei Ermahnungen sagt sie mit lauter Stimme:
„Wenn du jetzt nicht ruhig bist, dann isst du allein in der Küche." Kurz wird Anton ruhiger und isst. Dann nimmt er wieder das Gespräch am Tisch auf. Frau Costa steht auf, nimmt ihn hoch und trägt ihn in die Küche. Man hört sie rufen: „Hier bleibst du jetzt, ich hole dein Essen und dann isst du hier allein. Wenn wir alle fertig sind, dann kannst du wieder bei uns sein."

Fallbeispiel 2:
Die Kinder haben sich auf ihre Schlafmatte gelegt und liegen zugedeckt zum Schlafen bereit. Als es im Raum ruhiger wird, fängt die 2,5-jährige Estia an zu lachen. Auf kurze namentliche Ansprache der Erzieherin Frau Huber lacht Estia lauter. Frau Huber beugt sich zu ihr und Estia fängt an zu schreien. Daraufhin greift Frau Huber sie am Arm, sodass die Beine in der Luft hängen. Sie trägt Estia so bis zu der Tür, öffnet diese und stellt das Mädchen unsanft vor den Schlafraum. Estia lächelt Frau Huber an, als sie auf ihre Höhe in die Hocke geht. Frau Huber greift Estia an den Oberarmen, schüttelt sie und sagt: „Jetzt ist Schluss! Die anderen möchten schlafen!"

Fallbeispiel 3:
Ein Kind (8) fragt eine Lehrkraft, ob es auf Toilette gehen darf. Die Lehrkraft entgegnet, dass gerade Pause war und es das jetzt aushalten muss.

9.7 Ein schwieriges Fachgespräch vor- und nachbereiten

Thematische Einführung

Dieser Bildungsimpuls knüpft an die Theorie von Benien (2019) an. Laut dem Autor gibt es sechs Schritte, die zur Vorbereitung für ein schwieriges Fachgespräch sinnvoll sind. Als Praktikant*in eine pädagogische Fachkraft zu einem Fachgespräch einzuladen, kann herausfordernd wirken. Daher können an dieser Stelle die beschriebenen Schritte geübt werden. Man kann sich in einer Kleingruppe zunächst darüber austauschen und sich so mit dem Vorgehen vertraut machen. Wichtig zu betonen ist, dass ein Fachgespräch mit einer pädagogischen Fachkraft zu verletzendem Verhalten nicht automatisch ein schwieriges Gespräch wird. Es gibt Fachkräfte, die offen für Feedback sind, wenn ihr Verhalten fachlich von außen reflektiert wird. Dennoch ist die eigene Vorbereitung auf ein Fachgespräch in allen Fällen wichtig, um sich vorab vor Augen zu führen, was man sagen möchte und wie verschiedene Punkte in einer logisch nachvollziehbaren Reihenfolge geäußert werden können.

Gerade in herausfordernden Gesprächen können unterschiedliche Gefühle aufkommen. Um vorher für sich selbst Klarheit zu schaffen, sollten Fachgespräche durchdacht und vorbereitet werden. „Ein Kritikgespräch ist aber nicht nur dazu da, eine Änderung beim Gegenüber zu veranlassen, sondern dient auch dazu, dass wir aussprechen können, was wir auf dem Herzen haben. Ein Kritikgespräch lohnt sich also auch dann, wenn wir die Befürchtung haben, dass der andere sich sowieso nicht ändern wird“, so Benien (2019, 65).

Bildungsimpuls

1. Wählen Sie bitte ein Fallbeispiel aus und bereiten Sie anhand der Checkliste ‚Vorbereitung eines schwierigen Fachgesprächs‘ aus Kapitel 5 in diesem Buch ein exemplarisches Fachgespräch mit einer pädagogischen Fachkraft vor. Halten Sie bitte die aus Ihrer fachlichen Sicht wichtigen Aspekte schriftlich fest.

Fallbeispiel 1:

Es ist Fasching. Im Gruppenraum läuft Musik und alle Kinder tanzen zusammen. Andrej (5,6) geht auf die pädagogische Fachkraft Jennifer zu, um ihr zu sagen, dass er zu spät gemerkt hat, dass er auf Toilette muss und sich eingenässt hat. Jennifer verdreht die Augen, macht die Musik aus und fängt an vor der Gruppe mit Andrej zu reden. Er sei doch alt genug, um rechtzeitig auf Toilette zu gehen, sogar die Kleinsten in der Gruppe könnten das schon. Nur weil er zu faul sei, auf Toilette zu gehen, müsse sie sich jetzt darum kümmern.

Fallbeispiel 2:

Eine Lehrkraft sagt zu einem Kind während des Unterrichts: „Du bist der Einzige, der immer Quatsch macht, alle anderen sind brav. Du bist doch nicht normal.“

2. Nachfolgend können Sie Ihre Ausarbeitungen in einem angeleiteten Rollenspiel erproben, durchsprechen und nachbereiten. Wichtig ist eine professionelle Moderation eines Rollenspiels. Ein Moderator oder eine Moderatorin soll das Gesamtgeschehen im Blick behalten und ggf. Personen aus der Gruppe der Beobachter*innen ermöglichen, unterstützend den Rollenspieler*innen beratend zur Seite zu stehen, Argumente einzubringen und den Ablauf mitzugestalten. Dadurch liegt die gesamte Verantwortung nicht auf einzelnen Personen und die Rollenspieldynamik kann positiv beeinflusst werden. Die Einführung in die jeweilige Rolle und auch das Verlassen der Rolle müssen achtsam durchgeführt werden. So kann z. B. ein imaginärerer ‚Rollenmantel' pantomimisch an- und später an der passenden Stelle im Nachgespräch auch wieder ausgezogen werden. Beginnen Sie das Rollenspiel bitte ab der Gesprächseinladung.

Rollenkarten

Praktikant*in

- Sie sind Praktikant*in entsprechend Ihres tatsächlichen Ausbildungsstand.
- Sie haben das von Ihnen gewählte Fallbeispiel beobachtet und haben ein Fachgespäch zu dieser Situation vorbereitet.

Pädagogische Fachkraft

- Sie sind eine pädagogische Fachkraft mit mehrjähriger Berufserfahrung und die Anleitung der Praktikantin bzw. des Praktikanten.
- Sie haben verletzendes Verhalten gegenüber einem Kind ausgeübt.
- Sie sind offen für Kritik. (Variante: Sie sind nicht offen für Kritik.)

Evtl. Leitung

- Sie haben seit zwei Jahren die Leitung einer städtischen Kindertageseinrichtung inne und haben ein Studium der Kindheitspädagogik (BA) abgeschlossen.
- Sie greifen das Fachgespräch professionell auf. (Variante: Sie wiegeln ab.)

Beobachter*innen

- Notieren Sie den Verlauf des Rollenspiels, das Kommunikationsverhalten, Auffälligkeiten, Fragen, Lob und sachliche Kritik zum Inhalt.

3. Breiten Sie bitte innerhalb der Gruppe das Fachgespräch nach. Nutzen Sie hier für aus Kapitel 5 die Checkliste zur Nachbereitung eines schwierigen Fachgesprächs.
4. Wie wäre mit den Varianten umzugehen?

9.8 Rechtliche Grundlagen als Argumentation nutzen (nach einer Idee von Sophie Macher)

Thematische Einführung

Im folgenden Fallbeispiel wird deutlich, dass das Handeln pädagogischer Fachkräfte in Kindertageseinrichtungen die Rechte von Kindern verletzen kann (siehe Kapitel 3). Falls Praktikant*innen während einer Praxisphase eine solche Situation erleben, ist es sinnvoll, sich vor einem möglichen Gespräch mit der betreffenden pädagogischen Fachkraft über die rechtlichen Aspekte zu informieren (siehe Kapitel 5). Die Benennung rechtlicher Grundlagen kann ihre Argumentation stützen und gleichzeitig das Machtgefälle zwischen Praktikant*in und pädagogischer Fachkraft abschwächen.

Bildungsimpuls

Wählen Sie ein Fallbeispiel aus. Bilden Sie Kleingruppen und tragen Sie zunächst kurz Ihre ersten Gedanken zum Fallbeispiel zusammen. Halten Sie diese Überlegungen schriftlich fest.

Fallbeispiel 1:

Sarina (4,2) wird von ihrer Mutter gegen 7.30 Uhr in die Einrichtung gebracht. Als sich die Mutter nach einem kurzen Gespräch mit der Einrichtungsleitung von Sarina verabschiedet, fängt diese an zu weinen und ruft mehrmals: „Mama, bleib da". Die Mutter wirkt unsicher und scheint nicht so recht zu wissen, ob sie sich abwenden oder bleiben soll. Schließlich wendet sie sich ab und geht zur Tür. Als Sarina versucht, der Mutter hinterherzulaufen, greift die Leitung ein. Sie umklammert Sarinas Oberkörper mit ihren Armen, sodass diese sich nicht mehr bewegen und der Mutter folgen kann. Als sich die Tür hinter der Mutter schließt, sagt die Leitung mit lauter Stimme: „Hör' endlich auf mit dem Geschrei! Das bringt doch nichts! Ich habe langsam keinen Bock mehr. Jeden Morgen dasselbe Theater mit dir, Fräulein". Dann zieht sie Sarina, die sie am Oberarm festhält, in den Gruppenraum. Sie fordert das Kind auf, nach oben zu den abgedunkelten Schlafplätzen zu gehen, die sich auf einer Art Hängeboden befinden und erst wiederzukommen, wenn es sich beruhigt hat.

Fallbeispiel 2:

Jewgenji (8), dessen Fluchterfahrung erst wenige Wochen zurückliegt, verfügt bisher nur über wenig Erfahrungen mit Deutsch als Zweitsprache. Er verbringt den Unterricht von 8.00 Uhr bis 12.30 Uhr allein an einem etwas abseits platzierten Schultisch. Hin und wieder wird er von den Lehrkräften in unfreundlichem, zuweilen genervt klingendem Ton aufgefordert, er solle doch malen oder basteln. Ansonsten wird er ignoriert. Wenn der Schüler allerdings beim Alleinspiel Geräusche von sich gibt, erhält er seitens der Lehrkräfte nicht selten eine laute und harsche Zurechtweisung vor der gesamten Klasse. Die anderen Kinder in der Klasse ermahnen ihn daraufhin auch öfter, er solle „nicht immer stören".

Zum Fallbeispiel 1: Im Folgenden wird der Beginn eines möglichen Dialogs zwischen der Einrichtungsleitung (L) und der*dem Praktikanten*in (P) festgehalten:

Dialog

P: Könnten wir uns bitte kurz unterhalten?

L: Ja, was gibt es denn?

P: Mir fiel in den letzten Tagen auf, dass es Sarina morgens schwerzufallen scheint, sich von ihrer Mutter zu trennen.

L: Ja, seit einigen Wochen macht sie jeden Morgen Theater und schreit herum. Langsam habe ich echt keine Nerven mehr und weiß nicht, was ich noch machen soll.

P: Ich kann verstehen, dass ___________________________________. Heute Morgen konnte ich beobachten, dass ____.

L: Das ist nun mal der Alltag. Ist vielleicht nicht das, was ihr im Studium/in der Ausbildung lernt, aber in der Praxis funktionieren Eure tollen Theorien eben oftmals nicht, sodass man auch einfach mal härter durchgreifen muss.

P: ____...

Zum Fallbeispiel 2: Auch hier kann sich zwischen dem*der Praktikant*in (P) und der Lehrkraft in Anleitungsfunktion (A) ein ähnlicher Dialog ereignen wie im obigen Beispiel:

Dialog

P: Könnten wir uns bitte kurz unterhalten?

A: Ja, was gibt es denn?

P: Mir fiel in den letzten Tagen auf, dass Jewgenji in der Klasse wenig Anregung, aber viel Tadel von Lehrkräften erhält.

A: Ja, was sollen wir denn noch alles leisten?

P: Ich kann verstehen, dass ___________________________________. Heute Morgen konnte ich beobachten, dass ____.

L: Das ist nun mal der Alltag. Ist vielleicht nicht das, was ihr im Studium/in der Ausbildung lernt, aber in der Praxis funktionieren Eure tollen Theorien eben oftmals nicht. Wir haben noch andere Kinder in der Klasse.

P: ____...

1. Bitte recherchieren Sie: Welche gesetzlichen Vorgaben können hier jeweils Anwendung finden?
2. Wie könnte aus diesen gesetzlichen Vorgaben eine Argumentationskette aufgebaut werden?

9.9 Politisches Engagement während der Ausbildung (nach einer Idee von Clarissa Casar)

Thematische Einführung

Bereits in der Ausbildung oder im Studium können Praktikant*innen politisch aktiv werden und sich für relevante Themen der Bildung in Kindertageseinrichtungen und Grundschulen einsetzen. Dieser Bildungsimpuls soll dabei unterstützen, sich über die politische Arbeit von Gewerkschaften, Berufsverbänden, Arbeitsgemeinschaften, Vereinen und Trägern etc. zu informieren.

Bildungsimpuls

1. Bitte recherchieren Sie:
   - Welche Gewerkschaften, Berufsverbände, Arbeitsgemeinschaften, Vereine und Träger setzen sich für die Interessen und Bedarfe von Bildungseinrichtungen im Elementar- bzw. Primarbereich ein.
   - Welche dieser politischen Akteursgruppen sind in Ihrer Region vertreten?
2. Vertiefen Sie Ihre Recherche und teilen Sie die Arbeit in der Gruppe auf, sodass jeder für eine Akteursgruppe zuständig ist und insgesamt doch alle Akteursgruppen näher untersucht werden können:
   - Informieren Sie sich über die Mitglieder*innenzahl, die Organisationsstruktur, das Vorgehen, die Ziele, Mitgliedschaften, Einbringungsmöglichkeiten, den Auftrag, die Erfolge sowie die aktuellen Themen der jeweiligen Akteursgruppe.
3. Bitte stellen Sie sich gegenseitig die Ergebnisse Ihrer Recherche vor und gehen Sie in den Austausch. Ihre Ergebnisse können Sie in der Gesamtgruppe in einer übersichtlich gestalteten gemeinsamen Tabelle festhalten.
4. Welche fachlichen Bedarfe sehen Sie derzeit im Elementar- bzw. im Primarbereich als vordringlich an? Diskutieren Sie im Plenum und vergeben Sie Punkte für das Thema, welches in der Gesamtgruppe als besonders wichtig erachtet wird. Recherchieren Sie: Welche Institution macht deutlich, dass das Thema Ihrer Gesamtgruppe dort ebenfalls im Fokus steht?
5. Planen Sie eine Einladung von Vertreter*innen dieser Institution und bereiten Sie entsprechende Fragen vor.

10. Reflexionsmöglichkeiten

10.1 Tabuisierung von verletzendem Verhalten (nach einer Idee von Katharina Hauptmann)

Thematische Einführung

Wie bereits im vorherigen Kapitel erwähnt, sind Grenzüberschreitungen in Kindertageseinrichtungen ein Tabuthema und werden bestenfalls „nur in informellen Gesprächen“ (Prengel 2020, 101) diskutiert. Die Untersuchungen von Boll/ Remsperger-Kehm (2021), Prengel (2019) und auch Maywald (2019) identifizieren das Stillschweigen über Grenzüberschreitungen als zentrale Problematik im Umgang mit verletzendem Verhalten. Verstärkt wird dies in Bildungseinrichtungen durch Abhängigkeitsverhältnisse, der Angst vor Konflikten innerhalb des Teams oder durch die eigene Unerfahrenheit.

Das gesellschaftliche Tabu, über Gewalt in Bildungseinrichtungen zu sprechen, hat Maywald (2019) zufolge verschiedene Gründe: Zum einen fällt es schwer, eigenes Fehlverhalten oder das eines Kollegen bzw. einer Kollegin einzugestehen und anzusprechen, auch können sich Fach- bzw. Lehrkräfte um den Ruf ihres Berufstands und ihrer Bildungsinstitution sorgen. Hinzu kommt noch die Angst vor arbeitsrechtlichen Sanktionen und allgemein die Scheu vor Konflikten (25 f).

Der folgende Bildungsimpuls mit Fallbeispielen aus einer Kindertageseinrichtung und aus der Ganztagsbetreuung einer Grundschule hat den Zweck, die Sensibilität angehender Pädagog*innen für die in der Praxis auftretende Grenzüberschreitungen zu erhöhen und dadurch die „Tabuisierung pädagogischer Kunstfehler“ (Prengel 2019, 132) aufzulösen.

Bildungsimpuls

Bitte wählen Sie aus den pseudonymisierten Fallbeispielen eines aus:

Fallbeispiel 1:

Wir befinden uns in einer Krippen-Gruppe mit sieben Kindern und drei Fachkräften. Die Kinder sind im Freispiel beschäftigt. Es findet gerade eine Eingewöhnung statt und das betreffende Kind, Lara, befindet sich auf dem Arm seiner Bezugserzieherin und winkt seiner Mutter zum Abschied durchs Fenster. Als die Mutter verschwunden ist, wendet sich die Bezugsfachkraft Frau Mela an ihren Kollegen und ihre Kollegin. Sie sagt: „Die Mutter finde ich ja toll, das Kind aber nicht so.“ Dem stimmt die pädagogische Fachkraft Frau Bertram, zu: „Ja, nee, ich auch nicht. Das muss sich unsere Sympathien erst noch erarbeiten.“ Die pädagogische Fachkraft Frau Vildur schweigt und wendet sich dann einem anderen Kind zu.

Fallbeispiel 2:
Eine Hortgruppe in der Nachmittagsbetreuung einer Grundschule wird von Herrn Rüss, einer pädagogischen Fachkraft, beaufsichtigt. Die Kinder machen in Stillarbeit ihre Hausaufgaben. Eine zweite Fachkraft kommt hinzu und räumt hinten im Klassenzimmer Lernmaterial ein. Das Kind Cem ist unruhig und wird daraufhin streng ermahnt. Da Cem nicht zur Ruhe kommt, zeigt Herr Rüss auf einen einzelnen Tisch ganz vorne neben dem Lehrerpult und spricht in ärgerlichem Ton eine Warnung aus: „Das reicht mir jetzt, wenn du jetzt nicht gleich aufhörst, musst du dich hier an den besonderen Tisch setzen. Da kommen immer die besonders anstrengenden Kinder hin, die nicht funktionieren!"

1. Reflektieren Sie bitte aus einer fachlichen Perspektive Ihr ausgewähltes Fallbeispiel anhand der folgenden Fragen:
- Wie empfinden Sie die geschilderte Situation? Nutzen Sie gerne die ‚Land(karte) der Befindlichkeiten' zur Einordnung.
- Wo entdecken Sie verletzendes Verhalten?
- Wie verhalten sich die einzelnen pädagogischen Fachkräfte und wie beurteilen Sie ihr Verhalten?
- Wie begründen Sie das Verhalten der jeweiligen Fachkräfte und was hätten sie anders machen können?

2. Bitte setzen Sie sich mit dem Phänomen der ‚Tabuisierung von verletzendem Verhalten durch Fach- bzw. Lehrkräfte gegenüber Kindern in Bildungsinstitutionen' auseinander:
- Was könnte im von Ihnen gewählten Fallbeispiel ein Tabu darstellen?
- Welchen Zweck erfüllt das Verschweigen/das Tabu in dieser Situation?
- Was würde passieren, wenn das Tabu wegfiele?
- Welchen Einfluss hat das Tabu auf die Kinder in der jeweiligen Situation?

10.2 Weiterentwicklung eines beruflichen Habitus (nach einer Idee von Meike Renn)

Thematische Einführung

Nach dem Kompetenzmodell nach Fröhlich-Gildhoff/Weltzien/Kirstein/Pietsch/Rauh (2014) stellt der berufliche Habitus das entscheidende Bindeglied zwischen Disposition und Performanz dar, zwischen fachspezifischem, theoretischem Wissen und dem konkreten professionellen Handeln in einer beruflichen Situation. Habituelles Erfahrungswissen findet zunächst Eingang in die Disposition und wird dann von Lernenden in Ausbildung und Studium zunehmend zu einem fachlich reflektierten Erfahrungswissen umgebildet. Dieses habitualisierte Erfahrungswissen wurde im Laufe der Biografie Lernender aufgebaut. Zuweilen deckt es sich mit wissenschaftlichen Standards einer Profession zuweilen aber auch nicht, mitunter steht es sogar fachlichen Standards entgegen. Das zunächst biografisch bestimmte Erfahrungswissen Lernender bedarf einer fachlichen Reflexion.

Dieser Bildungsimpuls bietet hierfür Gelegenheit: Nahrungsaufnahme, ‚Essen', ist ein Thema, welches jeden Menschen nicht nur physisch oder kognitiv anspricht, sondern auch emotional, sozial und kulturell. Bei jedem Menschen sind Essenssituationen biografisch verankert. Was uns schmeckt, welches Ambiente uns gefällt, wenn wir ans Thema ‚Essen' denken, hängt eng mit unseren biografischen Erfahrungen mit Essenssituationen zusammen. Dies verbindet Fach- bzw. Lehrkräfte mit den Kindern in Kindertageseinrichtungen und Grundschulkindern in der Ganztagsschule. Möglicherweise aber trennt es auch, wenn die eigenen biografischen Erfahrungen verabsolutiert werden. Um hier mit den Kindern in demokratische Aushandlungsprozesse eintreten zu können, ist es wichtig, dass Fach- und Lehrkräfte sich beim Thema ‚Essen' das eigene biografische Erfahrungswissen bewusst machen.

Am Beispiel einer Rekonstruktion des eigenen biografischen Erfahrungswissens in Gegenüberstellung zu fachspezifischem theoretischem Wissen in diesem Bildungsimpuls ergibt sich die Möglichkeit zum Aufbau eines reflektierten habituellen Erfahrungswissens.

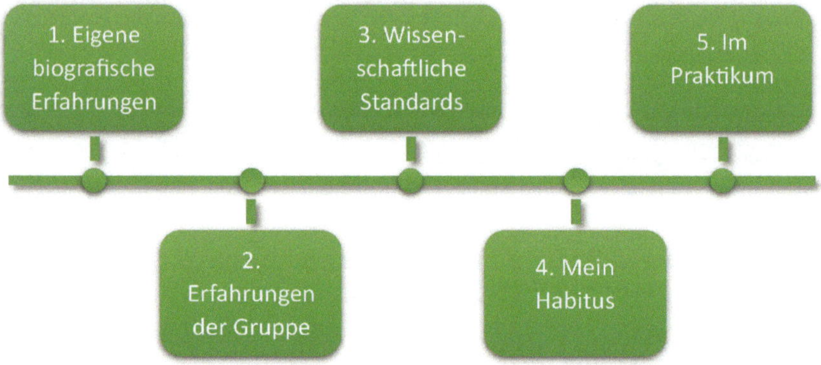

Abbildung 11: Eigene Darstellung zum Thema ‚Weiterentwicklung eines beruflichen Habitus'

Bildungsimpuls

Die Abbildung leitet Sie durch den Bildungsimpuls. Jeder Punkt auf der Linie stellt eine Teilübung dar, beginnend bei Ihren subjektiven biografischen Erfahrungen bis hin zu den Erfahrungen, die Sie in einem Praktikum erlebt haben.

1. Eigene biografische Erfahrungen

Bitte versuchen Sie sich an Ihre eigenen biografischen Erfahrungen zum Thema ‚Essen' zu erinnern. Notieren Sie zunächst nur für sich, was Ihnen wichtig ist:

- Wie haben Sie Essenssituationen erlebt? Welche Rituale wurden vorgenommen? Welche Mitbestimmungsmöglichkeiten waren vorhanden?
- Gab es beim Umgang mit Nahrungsmitteln und dem Essen Veränderungen im Laufe der Biografie? Wodurch wurden sie ausgelöst und welche Konsequenzen ergaben sich daraus?
- An welche Erfahrungen erinnern Sie sich zu Situationen, in denen das Essen verweigert wurde?
  Welche Folgen sind Ihnen im Gedächtnis geblieben?
- An welche Erfahrungen erinnern Sie sich zu Situationen, in denen aufgegessen wurde? Welche Folgen sind Ihnen im Gedächtnis geblieben?
- Welche Reaktionen (physisch, psychisch) auf verschiedene Nahrungsmittel sind Ihnen in Erinnerung geblieben? Gab es hier Veränderungen?

2. Erfahrungen der Gruppe

Bitte tauschen Sie sich nun innerhalb der Gruppe zu Ihren biografischen Erfahrungen zum Thema Essen aus. Achten Sie darauf, was Sie in dieser Gruppe mitteilen wollen. Die Erfahrungen der Mitglieder*innen der Lerngruppe werden höchst verschieden sein. Hier gibt es kein ‚Richtig' und kein ‚Falsch'. Es geht vielmehr darum, andere Perspektiven auf ein und dasselbe Thema zu erfahren, um herauszuarbeiten, wie unterschiedlich die Schlüsselsituation ‚Essen' erlebt wurde.

3. Wissenschaftliche Standards

Bitte recherchieren Sie zusätzlich aktuelle wissenschaftliche Standards zum Thema ‚Essen' in Bildungsinstitutionen. Folgende Literatur kann hierfür empfohlen werden:

- Gutknecht, D./Höhn, K. (2017)
- Höhn, K./Methfessel, B./Miltner-Jürgensen, M./Schneider, K. (2021)
- Renner, H./Perry, B./Plehn, M. (2020)

Folgende Fragen sind hier weiterführend:

- Welche Übereinstimmungen und welche Unterschiede zwischen biografischer Erfahrung zum Thema ‚Essen' und den recherchierten wissenschaftlichen Standards nehmen Sie wahr?
- Welche Schlüsse ziehen Sie daraus für die Weiterentwicklung Ihres professionellen Habitus?

4. Mein professioneller Habitus

Ein professioneller Habitus verfügt über fachspezifisches theoretisches Wissen, welches mit biografischem Erfahrungswissen reflexiv verbunden wird.

Bitte überlegen Sie, wie sich Ihre Erfahrungsschätze (positive wie auch schwierige, aber durchgearbeitete) auf Sie ausgewirkt haben könnten. Folgende Überlegungen können hier von Interesse sein:

- Welche Schlüsse können heute aus diesen Erfahrungen gezogen werden?
- Gibt es etwas, das Sie auf Grund dieser Erfahrungen heute noch genauso oder auch anders machen würden?
- Gibt es im Blick auf das Thema ‚Essen' Veränderungen, die Sie anstreben? Wenn ja, warum?
- Wie könnten sich Ihre biografischen Erfahrungen zum Thema ‚Essen' auf Ihre Professionalität auswirken?
- Wie könnten sich Ihr fachspezifisches theoretisches Wissen auf Ihre nun fachlich reflektierte Einschätzung Ihrer biografischen Erfahrungen zum Thema ‚Essen' auswirken?

5. Im Praktikum

Bitte nehmen Sie sich während Ihres nächsten Praktikums die Zeit, während einer Essenssituation in einer Kindertageseinrichtung, in einer Ganztagsgrundschule oder im Hort eine Beobachtung durchzuführen und aufzuschreiben.

Aufgrund der Beobachtung können Sie folgende Fragen bearbeiten:

- Wie wird die Essenssituation von den pädagogischen Fachkräften bzw. den Lehrkräften gestaltet?
- Welche Aussagen und Handlungen der pädagogischen Fachkräfte oder Lehrkräfte und der Kinder prägen die Essenssituation?
- Gibt es Handlungen, Gespräche, Konflikte etc. in der beschriebenen Essenssituation, die Sie aus Ihrer eigenen biografischen Erfahrung heraus in ähnlicher Weise erfahren haben? Wie wirkt sich dies auf die Darstellung Ihrer Beobachtung aus?
- Gibt es etwas, das Sie an der von Ihnen beschriebenen Essenssituation aus fachlichen Gründen heraus anders gestalten oder auch genauso belassen würden?

10.3 Reflexive Professionalität gegenüber Imperativen (nach einer Idee von Meike Renn)

Thematische Einführung

In diesem Bildungsimpuls stehen typische Befehle im Vordergrund, wie sie Kindern nicht selten von Erwachsenen vorgehalten werden. Auch angehende pädagogische Fachkräfte und Lehrkräfte in Ausbildung und Studium werden den einen oder anderen hier aufgeführten Imperativ selbst erfahren haben. Nicht reflektierte Imperative in der eigenen Biografie können zu unhinterfragten Glaubenssätzen mutieren, die dann Fach- und Lehrkräfte in ihrem Bildungshandeln gegenüber Kindern beeinflussen. Dieser Bildungsimpuls regt dazu an, unhinterfragte Imperative reflexiv einzuholen und darüber nachzudenken, wie sich diese Befehle auf das Selbstbild eines Kindes auswirken können.

Bildungsimpuls

1. In dieser Tabelle wurden typische Befehle, wie sie gegenüber Kindern von Erwachsenen geäußert werden, aufgelistet und deren mögliche Auswirkungen auf das Selbstbild von Kindern dargestellt. Anschließend können Sie noch weitere Befehle, die Sie erfahren haben, in der Gruppe sammeln und möglichen Wirkungen dieser Befehle auf das Selbstbild von Kindern formulieren.

Imperativ/Glaubenssatz	Mögliche Wirkung auf das Selbstbild des Kindes
Alle Kinder gehen zusammen schlafen.	Mein eigenes Schlafbedürfnis ist nicht wichtig. Ich muss das machen, was vorgegeben ist und was die Gruppe macht.
Wenn der Keks redet, sind die Krümel still.	Ich bin klein und soll Erwachsenen still zuhören. Meine Meinung zählt nicht.
Bei Tisch wird nicht geredet.	Ich soll essen und schweigen.
Du musst einer bestimmten Person einen Kuss geben.	Es wird von mir erwartet, dass ich dieser Person einen Kuss gebe, auch wenn ich das nicht möchte.
Sei ein braves Mädchen.	Ich werde angenommen, wenn ich brav und ruhig bin. Mädchen verhalten sich alle so.
Sei ein tapferer Junge.	Ich werde angenommen, wenn ich mich stark zeige. Jungen verhalten sich alle so.
Stell dich nicht so an.	Ich darf meinen Schmerz nicht zeigen.
Mach jetzt kein Theater.	Ich darf meinen Ärger nicht zeigen.
Wer nicht hören will, muss fühlen.	Ich muss körperliche Strafmaßnahmen über mich ergehen lassen, weil ich nicht auf das gehört habe, was ein Erwachsener von mir gefordert hat.
Es wird gegessen, was auf den Tisch kommt.	Ich darf nicht mitentscheiden, was ich esse.
Wenn du nicht aufisst, dann bekommst du keinen Nachtisch.	Mein Geschmacks- und mein Sättigungsempfinden spielen keine Rolle.
Du darfst erst aufstehen, wenn alle aufgegessen haben.	Mein Bedürfnis ist in diesen Momenten nicht relevant. Die Gruppe ist wichtiger.
…	…

Tabelle 12: Eigene Darstellung, Imperative und daraus resultierende mögliche Wirkungen auf das Selbstbild von Kindern

2. Ordnen Sie bitte im zweiten Schritt die Befehle anhand des Vier-Seiten-Modells ein. Sie schreiben dabei aus der Sicht einer pädagogischen Fachkraft, die mit einem Kind spricht. Eine Nachricht kann unterschiedlich interpretiert werden. Tauschen Sie sich anschließend fachlich über Ihre Interpretationen aus und begründen Sie sie.

Beispiel:

Sachebene: Alle Kinder gehen zusammen schlafen, weil das so vorgegeben ist.
Appell: Auch du gehst schlafen, weil das jetzt alle machen müssen.
Beziehung: Als Erwachsener bestimme ich, wann du schlafen gehen musst.
Selbstkundgabe: Ich versuche eine klare Struktur für alle zu schaffen und möchte dann in Ruhe Pause machen.

1. 	Sachebene: ____________________ ____________________ Appell: ____________________ ____________________ Beziehung: Ich stehe als Erwachsener über dir. Ich kann entscheiden, was du tust, du aber nicht, was ich tue. Selbstkundgabe: ____________________ ____________________
2. 	Sachebene: ____________________ ____________________ Appell: Ich möchte, dass du beim Essen ruhig bist. Beziehung: ____________________ ____________________ Selbstkundgabe: ____________________ ____________________
3. 	Sachebene: ____________________ ____________________ Appell: ____________________ ____________________ Beziehung: Ich erwarte von dir, dass du meine Form der Beziehungspflege übernimmst. Selbstkundgabe: ____________________ ____________________

4. 	Sachebene: Mädchen verhalten sich in der Regel brav und lieb. Das wird auf Grund des Geschlechts erwartet. Appell: ______________________________ ______________________________ Beziehung: ______________________________ ______________________________ Selbstkundgabe: ______________________________ ______________________________
5. 	Sachebene: ______________________________ ______________________________ Appell: Jungen zeigen keine Angst, du darfst deine Gefühle nicht zeigen. Beziehung: ______________________________ ______________________________ Selbstkundgabe: ______________________________ ______________________________
6. 	Sachebene: ______________________________ ______________________________ Appell: ______________________________ ______________________________ Beziehung: ______________________________ ______________________________ Selbstkundgabe: Ich kann mit deinen Gefühlen gerade nicht umgehen und somit auch nicht auf diese eingehen.
7. 	Sachebene: Das Kind soll keine Schwierigkeiten machen. Appell: ______________________________ ______________________________ Beziehung: ______________________________ ______________________________ Selbstkundgabe: ______________________________ ______________________________

3. Sie können weitere Befehle, die Sie möglicherweise im Praktikum erfahren haben, ergänzen und nach dem gleichen Schema bearbeiten.

4. Diskutieren Sie bitte in der Gruppe folgende Punkte und halten Sie die Antworten fest:

- Aus welchen Hintergründen heraus werden Befehle dieser Art gesagt, welchen Zweck erfüllen Sie und welche Auswirkungen entstehen für die Kinder?
- Wie sind diese Befehle aus einer professionellen Perspektive einzuordnen?

5. Mit einem Befehl soll ein Konflikt schnell behoben werden. Das kann sinnvoll sein, wenn einem Kind Gefahr droht. Ansonsten unterminiert eine Fach- bzw. eine Lehrkraft mit einem Befehl die Partizipationsmöglichkeiten des Kindes. Stattdessen sollen in einer an Menschenwürde und Demokratie orientierten Bildungsinstitution faire Aushandlungsprozesse zwischen Erwachsenen und Kindern stattfinden. Suchen Sie sich aus der Liste Beispiele und überlegen Sie, welche Konflikte sich hinter einem Befehl verbergen und wie diese fair aufgelöst werden könnten.

10.4 Wie gehe ich im Kreis von Kolleginnen und Kollegen mit Herausforderungen um?

Thematische Einführung

Wie im Kapitel 3 bereits ausgeführt, stehen pädagogische Fachkräfte sowie Lehrkräfte einer Vielzahl an herausfordernden Situationen gegenüber. In diesem Bildungsimpuls geht es darum, wie unterschiedlich mit Herausforderungen innerhalb eines Teams und auf der je persönlichen Ebene umgegangen wird. Anhand der Reflexion kann betrachtet werden, welche Rolle hierbei Stress spielt. Als potenzielle Stressfaktoren wird an dieser Stelle versucht, Zeitdruck und Personalmangel abzubilden.

Bildungsimpuls

Benötigte Materialien:

- Je Kleingruppe 30 Bausteine oder ein Fröbelturm
- 1 Stoppuhr
- 1 Messband

Vorgehen: Bitte begeben Sie sich in Kleingruppen von 5–6 Personen. Je Kleingruppe werden zusätzlich zwei Beobachter*innen ausgewählt. Ihnen stehen Beobachtungsfragen zur Verfügung, welche die Gruppen im Vorfeld nicht erhalten.

1. Runde Zeitdruck: Die Kleingruppen versuchen innerhalb von 5 Minuten einen möglichst hohen Turm zu bauen. Nach Ablauf der Zeit werden die Türme gemessen. Der höchste Turm gewinnt.

2. Runde Zeitdruck: Der Ablauf bleibt gleich, lediglich das Zeitlimit wird auf 3 Minuten heruntergesetzt.

3. Runde Personalmangel: Nun wird so gewechselt, dass es Gruppen mit vier und acht Personen gibt. Die Beobachter*innen bleiben gleich. Die Übung wird nun mit einem Zeitlimit von 4 Minuten wiederholt.

Mögliche Abwandlungen:

- Pro Kleingruppe kann eine Leitung demokratisch gewählt werden, welche die Gruppe anleiten soll und selbst nicht mitbaut.
- Mehrere Personen können in der ersten Runde den Raum verlassen und kommen erst bei der Zweiten hinzu. Hier kann beobachtet werden, wie die Personen aufgenommen und miteinbezogen werden.

4. Nach den drei Runden wird jede Runde zuerst in der Kleingruppe reflektiert. Die Beobachter*innen berichten von ihren Eindrücken, können Fragen stellen, ob von ihnen Wahrgenommenes in der Gruppe ähnlich oder anders aufgefasst wurde. Die Gruppenmitglieder können die Zusammenarbeit reflektieren.

Beobachtungsfragen für die Beobachter*innen:

- Gibt es Personen, die die Führung übernehmen und Personen, die sich zurücknehmen? Welchen Einfluss hat dieses Verhalten auf die Gruppe und das Lösen der Aufgabe?
- Ist die vorgegebene Zeit innerhalb des Teams ein Thema?
- Entsteht Hektik? Wenn ja, an welcher Stelle zeigt sich dies?
- Wie verändert die verkürzte Zeit die Dynamik innerhalb der Gruppe?
- Wie verändert die Personenanzahl das Vorgehen und das Ausführen der Aufgabe?
- Wie wird mit Erfolg und Misserfolg innerhalb der Gruppe umgegangen?

Reflexionsfragen auf der Gruppenebene:

- Wie haben die Kleingruppen die Zusammenarbeit erlebt?
- Welcher Faktor wurde als wichtig empfunden, um die Aufgabe gut lösen zu können?
- Was hat sich über die Runden verändert?
- Was lief gut oder wo besteht Verbesserungsbedarf?
- Wie wird die Teamarbeit bewertet?

Reflexionsfragen auf der persönlichen Ebene:

- Wie ging es mir in den unterschiedlichen Settings? Was hat sich bei mir selbst jeweils verändert?
- Gab es Momente, in denen ich mich besonders gut oder schlecht gefühlt habe?
- Welche Zufriedenheits- oder Belastungsfaktoren lassen sich bei der Bewältigung der Aufgaben erkennen?

4. Abschließend werden die Ergebnisse im Plenum vorgestellt. Zeitdruck und Personalmangel liegen nicht in der Verantwortung der Kinder in Kindertageseinrichtungen und Grundschulen. Welchen Beitrag kann jede Fachkraft und jede Lehrkraft leisten, damit die Mangelsituation dorthin gerichtet wird, wo Verantwortung gegeben ist? Diskutieren Sie in der Gruppe, welche Möglichkeiten einer politischen Einflussnahme zur Verbesserung der Ressourcenlage in Bildungseinrichtungen Sie wahrnehmen könnten bzw. bereits wahr nehmen.

5. Im folgenden Fallbeispiel geht es um einen Mangel an Ressourcen, der Zeitdruck erzeugt. Wie bewerten Sie vor dem Hintergrund des in dieser Übung Besprochenen die Team-Entscheidung in diesem Fallbeispiel angesichts der gesetzlichen Vorgaben der UN-Behindertenrechtskonvention? Welche alternativen Handlungsoptionen wären aus einer fachlichen Perspektive heraus geboten?

Fallbeispiel:

Die Fachkraft-Kind-Relation in einer Kindertageseinrichtung ist angespannt, weil für eine vakante Stelle noch keine neue Fachkraft gefunden werden konnte. Das Team beschließt im Blick auf die Kinder mit Behinderung: „Die I-Kinder sollen zuhause bleiben." (mit den ‚I-Kindern' werden hier Kinder mit Behinderung bezeichnet.)

10.5 Beobachtungsbogen zum Erfassen von verletzendem Verhalten einer Fach- bzw. Lehrkraft gegenüber einem Kind

Thematische Einführung

Ein Beobachtungsbogen kann dabei unterstützen, um Beobachtungen von verletzendem Verhalten gegenüber Kindern, aber auch gelungene pädagogische Interaktionen strukturiert festzuhalten. Dieser Bogen kann zur eigenen Reflexion genutzt werden oder auch, um sich auf ein Fachgespräch mit einer Fachkraft bzw. Lehrkraft vorzubereiten. Das strukturierte Notieren einer Beobachtung verschafft einen Überblick, was gerade bei der Unsicherheit, ob gehandelt werden muss oder nicht, hilfreich sein kann. Darüber hinaus kann der ausgefüllte Bogen anderen Personen helfen, die Interaktionen fachlich einzuschätzen, wenn sie um Rat gebeten werden.

Bildungsimpuls

Zunächst wird der Beobachtungsbogen hier in kommentierter Form wiedergegeben, dann in unkommentierter Form als Vorlage zum Selbst-Ausfüllen. Sie finden beides als Download-Material unter beltz.de/978-3-7799-8006-3.

Kommentierte Vorlage:

Datum und Uhrzeit der Beobachtung
Bitte geben Sie das Datum und die Uhrzeit an, wann Ihre Beobachtung stattfand.
Die Beobachtung fand am __________ um __________ Uhr statt.
Ort und Setting
☐ Kindertageseinrichtung ☐ Grundschule ☐ Hort ☐ Andere Örtlichkeit: __________
Hier können Sie den Ort der Beobachtung festhalten. Geben Sie Informationen zum Setting, z. B. zu wenig Personal, es handelt sich um einen gewöhnlichen Ablauf etc.
<u>Beispiel:</u> Die Situation ereignete sich am Esstisch in der Küche beim gemeinsamen Frühstück. Jeden Tag essen dort alle Kinder von 9.30 bis 10 Uhr. Es war Unterbesetzung gegeben.
Involvierte Personen
Zählen Sie die Personen auf, die in die Situation involviert waren. Geben Sie dabei das Alter des Kindes/der Kinder und ggf. den beruflichen Status der Fachkraft an. Verwenden Sie Pseudonyme, um den Datenschutz zu wahren.
<u>Beispiel:</u> Es waren eine pädagogische Fachkraft, die seit 20 Jahren in dieser Einrichtung tätig ist, und ein 2,5 Jahre altes Mädchen involviert.
Anwesende Personen
Möglicherweise waren noch weitere Personen anwesend, die nicht direkt involviert waren, aber die Situation beobachten konnten. Verwenden Sie auch hier Pseudonyme.
<u>Beispiel:</u> Es waren sieben Kinder im Alter von 1–3 Jahren, zwei weitere pädagogische Fachkräfte und ein*e Praktikant*in anwesend.
Die konkret beobachtete Situation als Vignette
In diesem Abschnitt können Sie die genaue Situation sachlich präzise festhalten. Achten Sie darauf, dass Sie alles niederschreiben, was auch Außenstehenden die beobachtete Situation verdeutlicht (intersubjektive Nachvollziehbarkeit). Dabei können Sie wörtliche Aussagen, Körpersprache, Gestik, Mimik, Klang der Stimme etc. notieren.
<u>Vignette:</u>
Eigenes aktives Eingreifen in die Situation oder danach
Eventuell haben Sie als Praktikant*in gehandelt und sich aktiv in die Situation eingebracht. Bitte halten Sie dies in diesem Abschnitt fest. Schreiben Sie auf, wie Sie vorgegangen sind und was das Resultat Ihres Handelns war. Vermerken Sie auch, wenn Sie danach beispielsweise ein Fachgespräch über die Situation geführt haben. Schreiben Sie auch hier auf, wie Sie vorgegangen sind und was das Resultat des Gesprächs war.
<u>Meine Handlung in dieser Situation:</u>
Introspektion (Selbstbeobachtung)
„Die Wahrnehmung der persönlichen Reaktion auf das Miterlebte, die Introspektion, hat besondere Bedeutung. Es geht darum, in Form von Ich-Aussagen festzuhalten, was die Beobachtenden selbst während jeder beobachteten Szene empfinden (z. B. ‚ich freue mich', ‚ich fühle mich wohl', ‚ich bin ärgerlich', ‚ich bin unruhig')" (Prengel 2019, 101).
<u>Meine emotionale Reaktion:</u>
Einordnung nach Prengel (2019)
Um die Situation einzuordnen, nutzen Sie bitte die Kategorien nach Prengel (2019).
<u>Die beobachtete Interaktion wird folgendermaßen eingeordnet:</u> ☐ Sehr anerkennend ☐ Leicht anerkennend ☐ Neutral ☐ Leicht verletzend ☐ Sehr verletzend ☐ Schwer einzuordnen
Fragen zur Diskussion
Abschließend können Sie Fragen formulieren, die Sie gemeinsam mit anderen Lernenden im Unterricht der Fachschule bzw. im Hochschulseminar besprechen möchten.
<u>Meine Fragen:</u>
Ich bin damit einverstanden, dass dieser Beobachtungsbogen im Unterricht der Fachschule bzw. im Hochschulseminar besprochen wird: ☐ Ja ☐ Nein

Abbildung 12: Eigene Darstellung, kommentierte Version – Beobachtungsbogen zum Erfassen von Interaktionen zwischen Fachkraft und Kind

Unkommentierte Version zum Selbstausfüllen:

Datum und Uhrzeit der Beobachtung
Die Beobachtung fand am __________ um __________ Uhr statt.
Ort und Setting
☐ Kindertageseinrichtung ☐ Grundschule ☐ Hort ☐ Andere Örtlichkeit: ___________
Involvierte Personen
Anwesende Personen
Die konkret beobachtete Situation als Vignette
Vignette:
Eigenes aktives Eingreifen in die Situation oder danach
Mein Beitrag in dieser Situation:
Introspektion (Selbstbeobachtung)
Meine emotionale Reaktion:
Einordnung nach Prengel (2019)
Die beobachtete Interaktion wird folgendermaßen eingeordnet: ☐ Sehr anerkennend ☐ Leicht anerkennend ☐ Neutral ☐ Leicht verletzend ☐ Sehr verletzend ☐ Schwer einzuordnen
Fragen zur Diskussion:
Meine Fragen:
Ich bin damit einverstanden, dass dieser Beobachtungsbogen im Unterricht der Fachschule bzw. im Hochschulseminar besprochen wird: ☐ **Ja** ☐ **Nein**

Abbildung 13: Eigene Darstellung, Vorlage – Beobachtungsbogen zum Erfassen von Interaktionen zwischen Fachkraft und Kind

10.6 Reflexionsmöglichkeiten für Beobachtungen von verletzendem Verhalten durch Fach- bzw. Lehrkräfte gegenüber Kindern

Thematische Einführung

Dieser Bildungsimpuls baut auf dem Beobachtungsbogen auf. Der Fokus liegt auf der Reflexion von beobachteten verletzenden Verhalten von Fach- bzw. Lehrkräften gegenüber Kindern in Bildungsinstitutionen. Dabei sollen Fachschüler*innen bzw. Studierende die Möglichkeit erhalten, ihre im Praktikum festgehaltenen Beobachtungen im Fachschulunterricht bzw. im Hochschulseminar zu reflektieren. Eine Möglichkeit, wie dies ablaufen kann, wird hier skizziert. An dieser Stelle ist zu betonen, dass die Reflexion eines Praktikums sich nicht allein auf negative Beobachtungen konzentrieren wird. Die Praktikant*innen nehmen nach unserer Erfahrung auch viele positive Erfahrungen und Eindrücke mit. An Fachschulen und Hochschulen soll selbstverständlich auch über diese positiven Erfahrungen ein Austausch und eine fachliche Bewertung ermöglicht werden.

Bildungsimpuls

Fallbesprechung

Lehrende in Fach- bzw. Hochschule können Praktikant*innen anbieten Beobachtungsbögen einzureichen. Gemeinsam können die Beobachtungen eingeordnet und mögliche Handlungswege erarbeitet werden. Wenn Sie Ihren Beobachtungsbogen nicht im Plenum besprechen möchten, dann wenden Sie sich an die entsprechende Lehrkraft im Fachschulunterricht oder an die Seminarleitung, um eine gemeinsame Reflexion vorzunehmen.

Wer möchte, kann den eigenen Beobachtungsbogen in einer Kleingruppe besprechen. Wichtig ist, dass die Mitglieder der Kleingruppe es honorieren, dass sich eines ihrer Mitglieder öffnet und die eigene Beobachtung zur Diskussion stellt. Es ist wichtig, eine wertschätzende Haltung einzunehmen, die nicht mit Tipps aufwartet, weil so die Augenhöhe nicht gewahrt ist. Es geht darum, die professionelle Einschätzung einer Beobachtung in gemeinsamer Arbeit zu leisten.

Fachliche Reflexion einer Beobachtung:

Die Reflexion kann in Kleingruppen von bis zu vier Personen durchgeführt werden. Bitte entscheiden Sie sich für einen der eingereichten Beobachtungsbögen, den Sie gemeinsam reflektieren möchten. Nach gründlicher Lektüre diskutieren Sie ihn in der Kleingruppe:
In dieser Tabelle sind Reflexionsimpulse aufgelistet, dabei können eigene Fragen ergänzt werden:

Schritt 1
• Was ist der Fall? Um welchen Konflikt handelt es sich und wie wurde er seitens der pädagogischen Fachkraft bzw. der Lehrkraft bearbeitet?
Schritt 2
• Welche Assoziationen und Emotionen werden bei Ihnen ausgelöst, wenn Sie die Situation lesen? Zur Einordnung können Sie die ‚Land(karte) der Befindlichkeiten' nutzen. • Welche Emotionen lassen sich bei den involvierten und anwesenden Personen vermuten?
Schritt 3
• Wie ist die Kommunikation bzw. Handlung nach Tellisch/Prengel (2019) oder Prengel (2029) fachlich einzuschätzen? Begründen Sie Ihre Einschätzungen.
Schritt 4
• Wie hätte die Konfliktsituation professionell gelöst werden können? • Wurden in der Zwischenzeit Anstrengungen unternommen, die Konfliktsituation zu lösen? Berichten Sie und diskutieren in der Kleingruppe, wie das Vorgehen aus fachlicher Sicht einzuschätzen ist.
Schritt 5
• Welche Möglichkeiten der Entschuldigung und welche Möglichkeiten der Wiedergutmachung lassen sich anhand der Beobachtung ausmachen? • Wenn Entschuldigungen und Wiedergutmachungen geleistet wurden, erzählen Sie der Gruppe davon. Wie bewerten Sie das Vorgehen aus fachlicher Perspektive?

Tabelle 13: Eigene Darstellung, Reflexionsfragen zu einer Beobachtung von verletzendem Verhalten

11. Schluss

In Bildungsinstitutionen mit Kindern und ihren Familien zusammenarbeiten zu dürfen, stellt eine anspruchsvolle Aufgabe für Absolvent*innen von Fachschulen und Berufsakademien der Sozialpädagogik, für Kindheitspädagog*innen und für Lehrkräfte dar.

Die Aufgabe ist vielseitig und erfüllend. Wenn alles gut geht, sorgen die Kinder und das eigene Berufsethos dafür, dass man sich über ein ganzes Berufsleben hinweg weiterentwickelt, sich kritisch überprüft und in gewissem Sinne auch als Profi immer wieder neu erfindet.

Dem Motto der GEW Berlin „Die Besten für die Kleinsten" (2020) ist insofern zuzustimmen, als es einen Trend umkehren will, der davon ausgeht, dass die Fähigkeiten Lehrender in Bildungsprozessen höher zu bewerten wären bei steigendem Alter der Adressat*innen von Bildungsangeboten. Die besten Fachpersonen für Bildung in allen Bereichen sollen kommen und sie sollen bleiben.

Leider sind die Ressourcen, die staatlicherseits für die Bildung im Elementar- und im Primarbereich zur Verfügung gestellt werden, so knapp bemessen, dass die Qualität der Bildung, Erziehung und Betreuung leidet. Hier besteht ein beträchtlicher Nachholbedarf. Gleichwohl dürfen Mängel hinsichtlich der Kontext- und der Strukturqualität von Bildungseinrichtungen sich nicht derart auf die Bildungsarbeit auswirken, dass Kindern seitens der Fach- bzw. Lehrkräfte mit verletzendem Verhalten begegnet wird.

Kinder sind vor verletzendem Verhalten in Bildungseinrichtungen zu schützen. Dies ist nur möglich, wenn der Schutz (protection) verbunden wird mit einem Auftrag der Bildung und Förderung (provision) und einem Auftrag, die Partizipation von Kindern zu unterstützen (participation) im Sinne der Forderungen der UN-Kinderrechtskonvention.

Es ist die Aufgabe aller Akteursgruppen im Elementar- und Primarbereich, sich für die Rechte von Kindern einzusetzen. Hiervon können auch Praktikantinnen und Praktikanten, die in Bildungseinrichtungen erste Praxiserfahrungen sammeln, nicht ausgenommen werden. Es kann in Ausbildung und Hochschulbildung nicht hingenommen werden, dass auf dem heimlichen Lehrplan eine Anleitung zum Bystandertum stehen könnte.

In diesem Buch wurde die Relevanz der Thematik durch neueste Studien belegt. Das Thema wurde theoretisch gerahmt und in einem ausführlichen Übungsteil wurden zahlreiche Bildungsimpulse angeboten, um Praktikantinnen und Praktikanten dabei zu unterstützen, handlungsfähig zu bleiben, wenn verletzendes Verhalten von Fach- oder Lehrkräften gegenüber Kindern in Bildungseinrichtungen verübt wird.

Dank

Ein ganz herzlicher Dank geht an Clarissa Casar, Anna-Lena Föll, Katharina Hauptmann, Sophie Macher und Meike Renn. Sie haben ihre Erfahrungen, die sie als Studierende in zahlreichen Praktika sammeln konnten, mit uns geteilt und darüber hinaus uns durch ihre Überlegungen, wie das Thema ‚verletzendes Verhalten von Fach- bzw. Lehrkräften gegenüber Kindern in Kindertageseinrichtungen und Grundschulen' im Fachschulunterricht und in Hochschulseminaren bearbeitet werden könnte, bei der Ausgestaltung der Bildungsimpulse in diesem Buch inspiriert. Insbesondere ist Rebecca Traub zu danken, die den gesamten Prozess der Bucherstellung begleitet und die Zusammenarbeit koordiniert hat.

Literaturverzeichnis

Aich, G./Behr, M. (2016): Gesprächsführung mit Eltern in der Kita (1. Auflage). Weinheim: Beltz Juventa

Aktionsrat Bildung (2021): Führung, Leitung, Governance. Verantwortung im Bildungssystem, Münster: Waxmann Verlag; in: https://www.vbw-bayern.de/Redaktion/Frei-zugaengliche-Medien/Abteilungen-GS/Bildung/2021/Downloads/ARB-Gutachten_F%C3%BChrung_21.04.2021.pdf; aufgerufen am 10.08.2023

Alle, F. (2017): Kindeswohlgefährdung. Das Praxisbuch, Freiburg i. Br.: Lambertus, 3. Auflage

Autor:innengruppe Bildungsberichterstattung (2022): Bildung in Deutschland 2022. Ein indikatorengestützter Bericht mit einer Analyse zum Bildungspersonal, Bielefeld: wbv Publikation; in: https://www.bildungsbericht.de/de/bildungsberichte-seit-2006/bildungsbericht-2022/pdf-dateien-2022/bildungsbericht-2022.pdf, aufgerufen am 13.08.2023

Beauftragter der Bundesregierung für die Belange von Menschen mit Behinderungen (2018): Die UN-Behindertenrechtskonvention Übereinkommen über die Rechte von Menschen mit Behinderungen. Demokratie braucht Inklusion; in: https://www.institut-fuer-menschenrechte.de/fileadmin/Redaktion/PDF/DB_Menschenrechtsschutz/CRPD/CRPD_Konvention_und_Fakultativprotokoll.pdf; aufgerufen am 16.08.2023

Becker-Stoll, F. (2013): Die Bedeutung der Qualität in der Kindertagesbetreuung für Kinder in den ersten drei Lebensjahren, in: https://www.kindergartenpaedagogik.de/1990.pdf/; aufgerufen am 08.08.2023

Bendig, R. (2018): Handlungskompetenzen entwickeln am Lerngegenstand Kinderrechte, Wiesbaden: Springer Fachmedien.

Benien, K. (2019): Schwierige Gespräche führen. Modelle für Beratungs-, Kritik- und Konfliktgespräche im Berufsalltag, Reinbek bei Hamburg: Rowohlt Taschenbuch Verlag, 11. Auflage

Beutel, W./Gloe, M./Himmelmann, G./Lange, D./Reinhardt, V./Seifert, A. (Hrsg.) (2022): Handbuch Demokratiepädagogik, Frankfurt a. M.: Wochenschau Verlag

Bianca Preuß (2018): Inklusive Bildung im schulischen Mehrebenensystem. Behinderung, Flüchtlinge, Migration und Begabung, Wiesbaden: Springer VS; in: https://link.springer.com/content/pdf/10.1007/978-3-658-20558-4.pdf; aufgerufen am: 14.08.2023

Binder, A./Stelzmüller, S./Dohlus, E. (2011): Qualifikationsprofile in Arbeitsfeldern der Pädagogik der Kindheit. Ausbildungswege im Überblick, Stuttgart: Robert Bosch Stiftung

Bischof-Schiefelbein, K./Petersen, A./Schuch, J. (2022): Partizipation ist Kinderrecht. Ein Reflexions- und Methodenbuch für die Kitapraxis, Hürth: Wolters Kluwer Deutschland/Carl Link Verlag

Bock-Formulla, K./Girndt, A./Vetter, T./Kriechel, B. (2021): Fachkräfte-Radar für KiTa und Grundschule 2021, Gütersloh: Bertelsmann Stiftung

Boll, A./Remsperger-Kehm (2021): Verletzendes Verhalten in Kitas. Eine Explorationsstudie zu Formen, Umgangsweisen, Ursachen und Handlungserfordernissen aus der Perspektive der Fachkräfte, Opladen/Berlin/Toronto: Verlag Barbara Budrich

Boll, A./Remsperger-Kehm, R. (2021a): Verletzendes Verhalten von Fachkräften, Kita Fachtexte, Nr. 10/2021. in: https://www.kita-fachtexte.de/fileadmin/Redaktion/Publikationen/211028_KitaFachtexte_Boll_Remsperger-Kehm.pdf; aufgerufen am 30.12.2023

Bundesarbeitsgemeinschaft Bildung und Erziehung in der Kindheit (BAK-BEK) (2009): Qualifikationsrahmen für BA-Studiengänge der Kindheitspädagogik/Bildung und Erziehung in der Kindheit; in: https://www.bag-bek.de/fileadmin/user_upload/Tagungen/2009_11_Koeln/BAG-BEK-BA-QR-final030110.pdf; aufgerufen am 09.08.2023

Bundesministerium der Justiz und für Verbraucherschutz (BMJV) (2021): Sexueller Kindesmissbrauch in Einrichtungen. Was ist in einem Verdachtsfall zu tun?, Berlin: BMJV; in: https://www.bmj.de/SharedDocs/Publikationen/DE/Verdacht_Kindesmissbrauch_Einrichtung.pdf;jsessionid=7173AC88D5EB377F4AE0E86E15562582.1_cid289?__blob=publicationFile&v=20; aufgerufen am 30.12.2023

Bundesministerium für Familie, Senioren, Frauen und Jugend (2005): Zwölfter Kinder- und Jugendbericht. Bericht über die Lebenssituation junger Menschen und die Leistungen der Kinder- und Jugendhilfe in Deutschland; in: https://www.familienatlas.de/sites/fama/files/atoms/files/12._kinder-_und_jugendbericht_bmfsfj.pdf; aufgerufen am 08.08.2023

Deutsche Kinderhilfe e. V. (Hrsg.) (2016): Praxisleitfaden Kinderschutz in Kita und Grundschule. Die Würde des Kindes ist unantastbar, Köln/Kronach: Carl Link Verlag

Deutscher Paritätischer Wohlfahrtsverband Landesverband Berlin e. V. (Hrsg.) (2022): Kinderrechte stärken! Selbstevaluation zur Partizipation von Kindern in der Kindertagesbetreuung, Berlin: Der Paritätische; in: https://www.der-paritaetische.de/fileadmin/user_upload/Schwerpunkte/Kindertagesbetreuung/duvk/doc/2021-Arbeitshilfe_Selbstevaluation_beschreibbare_PDF.pdf; aufgerufen am 30.12.2023

Deutscher Paritätischer Wohlfahrtsverband Landesverband Berlin e. V. (Hrsg.) (2022): Kinderrechte stärken! Beschwerdeverfahren für Kinder in Kindertageseinrichtungen, Berlin: Der Paritätische; in: https://www.der-paritaetische.de/fileadmin/user_upload/Schwerpunkte/Kindertagesbetreuung/duvk/doc/pa20_KitaBesch_10RZweb.pdf; aufgerufen am 30.12.2023

Deutscher Paritätischer Wohlfahrtsverband Landesverband Berlin e. V. (Hrsg.) (2022): Kinderrechte stärken! Wenn junge Demokratinnen und Demokraten in die Schule kommen, Berlin: Der Paritätische; in: https://www.der-paritaetische.de/fileadmin/user_upload/Schwerpunkte/Kindertagesbetreuung/duvk/doc/pa20_KinUebergang_08RZweb.pdf; aufgerufen am 30.12.2023

Deutsches Institut für Menschenrechte/Deutsches Jugendinstitut/Menschenrechtszentrum an der Universität Potsdam/Rochow-Museum u. Akademie für bildungsgeschichtliche und zeitdiagnostische Forschung an der Universität Potsdam (2016): Leitlinien Reckahner Reflexionen; in: https://paedagogische-beziehungen.eu/leitlinien/; aufgerufen am 30.12.2023

Deutsches Kinderhilfswerk (DKHW) (2017): Merkmale von Kinderrechteschulen des Deutschen Kinderhilfswerks, in: https://www.kinderrechte.de/fileadmin/Redaktion-Kinderrechte/2_Kinderrechtebildung/2.3_Kinderrechteschulen/2.3.1_Materialien/DESI_Evaluationsbericht_2021-09-17.pdf; aufgerufen am 30.12.2023

Dewey, J. (2011): Demokratie und Erziehung. Eine Einleitung in die philosophische Pädagogik, Weinheim/Basel: Beltz, 5. Auflage, herausgegeben von Oelkers, J.

Dreikurs, R./Soltz, V. (2018): Kinder fordern uns heraus: Wie erziehen wir sie zeitgemäß?, Stuttgart: Klett-Cotta

Ferdinand, S. (2014): Momente gestalten. Dialoge in Kitas. Ein Film im Auftrag des Ministeriums für Kultus, Jugend und Sport. Baden-Württemberg; in: https://drive.google.com/file/d/0B38i5kqBzqC2NGloVlFKbFFhalU/view?resourcekey=0-hQE__RgJQXFQBacj5h-C9FA; aufgerufen am 30.12.2023

FIVE (Forschungs- und Innovationsverbund an der Evangelischen Hochschule Freiburg e. V.) (2014): Expertise Kompetenzen früh-/kindheitspädagogischer Fachkräfte im Spannungsfeld von normativen Vorgaben und Praxis erstellt im Kontext der AG Fachkräftegewinnung für die Kindertagesbetreuung in Koordination des BMFSFJ von Fröhlich-Gildhoff, K./Weltzien, D./Kirstein, N./Pietsch, S./Rauh, K.; in: https://www.bmfsfj.de/resource/blob/94174/6a47780ac348d80e4718f38d52230ae8/kompetenzen-frueh-kindheitspaedagogischer-fachkraefte-im-spannungsfeld-von-normativen-vorgaben-und-praxis-data.pdf; aufgerufen am 30.08.2023

Forst, R. (2011): Kritik der Rechtfertigungsverhältnisse. Perspektiven einer kritischen Theorie der Politik, Berlin: Suhrkamp

Forum Menschenrechte (2013): Menschenrechte und frühkindliche Bildung in Deutschland. Empfehlungen und Perspektiven, Bonn: Druckhaus Dresden, 2. Auflage

Fröhlich-Gildhoff, K./Weltzien, D./Kirstein, N./Pietsch, S./Rauh, K. (2014): Expertise Kompetenzen früh-/kindheitspädagogischer Fachkräfte im Spannungsfeld von normativen Vorgaben und Praxis erstellt im Kontext der AG Fachkräftegewinnung für die Kindertagesbetreuung in Koordination des BMFSFJ, Berlin: Bundesministerium für Familie, Senioren, Frauen und Jugend

Geiger, G. (2011): Kinderrechte sind Menschenrechte. Kinderrechte in Deutschland, Opladen: Barbara Budrich

GEW (Gewerkschaft für Erziehung und Wissenschaft) (2020): Die Besten für die Kleinsten, Nr. 3/2020; in: https://www.gew-berlin.de/presse/detailseite?tx_news_pi1%5Baction%5D=detail&tx_news_pi1%5Bcontroller%5D=News&tx_news_pi1%5Bnews_preview%5D=20377&cHash=351042d87b20eb5f23d5aae1577abf6c; aufgerufen am 03.09.2023

Grundmann, M./Bittlingmayer, D. D./Groh-Samberg, O. (2016): Lebensweltliche Bildungsrealitäten und institutionelle Bildungsansprüche. Drei exemplarische Analysen; in: Becker, R. /Lauterbach, W. (Hrsg.): Bildung als Privileg. Erklärungen und Befunde zu den Ursachen der Bildungsungleichheit. 5. Auflage, Wiesbaden: Springer VS, 57–86

Grundschule Potsdamer Straße (2019): Standortspezifisches Kinderschutzkonzept, Hamburg; in: https://schule-potsdamer-strasse.hamburg.de/wp-content/uploads/sites/94/2019/11/Kinderschutzkonzept_2019%C3%BCberarbeitet.pdf; aufgerufen am 17.08.2023

Gugel, G. (2014): Handbuch der Gewaltprävention in der Kita. Grundlagen – Lernfelder – Handlungsmöglichkeiten, Freiburg: Herder Verlag

Gutknecht, D. (2023): Bildung in der Kinderkrippe. Wege zur Professionellen Responsivität, Stuttgart: Kohlhammer Verlag, 3. Auflage

Gutknecht, D./Höhn, K. (2017): Essen in der Kinderkrippe. Achtsame und konkrete Gestaltungsmöglichkeiten, Freiburg im Breisgau: Herder Verlag

Hahn, D./Hanke, K./Hofmann, H./Kamp, U./Krüger, T./Neumann, C./Ohlmeier, N. (2020): Kinderreport Deutschland 2020. Rechte von Kindern in Deutschland: Die Bedeutung des Draußenspiels für Kinde, Berlin: Deutsches Kinderhilfswerk e. V., in: www.dkhw.de/fileadmin/Redaktion/1_Unsere_Arbeit/1_Schwerpunkte/2_Kinderrechte/2._Kinderreport_aktuell_und_aeltere/Kinderreport_2020/DKHW_Kinderreport_2020_Web.pdf; aufgerufen am 17.08.2023

Hansen, R./Knauer, R. (2015): Das Praxisbuch: Mitentscheiden und Mithandeln in der Kita. Wie pädagogische Fachkräfte Partizipation und Engagement von Kindern fördern, Gütersloh: Verlag Bertelsmann Stiftung

Hansen, R./Knauer, R. (2017): Leon und Jelena. Der neue Kletterturm, Gütersloh: Verlag Bertelsmann Stiftung, 4. Auflage

Hansen, R./Knauer, R. (2019a): Leon und Jelena. Ein Platz zum Frühstücken, Gütersloh: Verlag Bertelsmann Stiftung, 6. Auflage

Hansen, R./Knauer, R. (2019b): Leon und Jelena. Schuhe für die Schuhe, Gütersloh: Verlag Bertelsmann Stiftung, 4. Auflage

Hansen, R./Knauer, R. (2019c): Leon und Jelena. Die neue Erzieherin, Gütersloh: Verlag Bertelsmann Stiftung, 2. Auflage

Hansen, R./Knauer, R. (2019d): Leon und Jelena. Das Schrankspringer-Spiel, Gütersloh: Verlag Bertelsmann Stiftung, 4. Auflage

Hansen, R./Knauer, R. (2019e): Leon und Jelena. Die Haltestelle für Dreiräder, Gütersloh: Verlag Bertelsmann Stiftung, 5. Auflage

Hansen, R./Knauer, R. (2019f): Leon und Jelena. Die Matschhose muss weg, Gütersloh: Verlag Bertelsmann Stiftung, 4. Auflage

Hansen, R./Knauer, R. (2019 g): Leon und Jelena. Eine Baustelle für die Krippis, Gütersloh: Verlag Bertelsmann Stiftung, 2. Auflage

Hansen, R./Knauer, R. (2019h): Leon und Jelena. Jelena im Kinderparlament, Gütersloh: Verlag Bertelsmann Stiftung, 6. Auflage
Hansen, R./Knauer, R. (2022a): Leon und Jelena. Die hohen Fichten, Gütersloh: Verlag Bertelsmann Stiftung, 4. Auflage
Hansen, R./Knauer, R. (2022b): Leon und Jelena. Wenn niemand zuhört, Gütersloh: Verlag Bertelsmann Stiftung
Hansen, R./Knauer, R. (2023a): Leon und Jelena. Damit niemand guckt, Gütersloh: Verlag Bertelsmann Stiftung
Hansen, R./Knauer, R. (2023b): Leon und Jelena. Der Rollerführerschein, Gütersloh: Verlag Bertelsmann Stiftung
Hansen, R./Knauer, R./Sturzenhecker, B. (2015) Partizipation in Kindertageseinrichtungen. So gelingt Demokratiebildung mit Kindern, Weimar: Verlag das Netz
Heldt, I. (2022): Menschenrechtsbildung – Kinderrechtsbildung, in: Beutel, W./Gloe, M./Himmelmann, G./Lange, D./Reinhardt, V./Seifert, A. (Hrsg.): Handbuch Demokratiepädagogik, Frankfurt a. M.: Wochenschau Verlag, 387–394
Helsper, W. (2021): Professionalität und Professionalisierung pädagogischen Handelns: eine Einführung, Opladen/Berlin/Toronto: Verlag Barbara Budrich
Höhn, K./Methfessel, B./Miltner-Jürgensen, M./Schneider, K. (2021): Essen und Ernährungsbildung in der KiTa. Entwicklung – Versorgung – Bildung. Kohlhammer
Honneth, A. (1994): Kampf um Anerkennung. Zur moralischen Grammatik sozialer Konflikte, Frankfurt a. M.: Suhrkamp
Hubrig, S. (2022): Psychische Gewalt in der Kita, Die kleinen Hefte – Cornelsen, Mühlheim an der Ruhr: Verlag an der Ruhr
Humboldt, W. v. (1903): Werke I. 1785–1795, Berlin: de Gruyter, 282–285
Kepert, J./Dexheimer, A./Feist-Ortmanns, M./Kepert, S./Macsenaere, M (2021): Praxishandbuch Kinderschutz für Fachkräfte und insoweit erfahrene Fachkräfte. Der Schutzauftrag nach § 8a SGB VIII. Rechtliche, psychologische und pädagogische Aspekte, Köln: Reguvis
Kepert, J./Dexheimer, A./Feist-Ortmanns, M./Kepert, S./Macsenaere, M. (2021): Praxishandbuch Kinderschutz für Fachkräfte und insoweit erfahrene Fachkräfte. Der Schutzauftrag nach § 8a SGB VIII. Rechtliche, psychologische und pädagogische Aspekte, Köln: Reguvis
Klafki, W. (2007): Neue Studien zur Bildungstheorie und Didaktik. Zeitgemäße Allgemeinbildung und kritisch-konstruktive Didaktik, Weinheim: Beltz, 6. Auflage
Kölsch-Bunzen, N. (2013): Bildung ins Spiel bringen: Das Ratingverfahren IPK U3 zur Einschätzung der Interaktionsqualität zwischen einer pädagogischen Fachkraft und einem Kind in einer dyadisch strukturierten Spielsituation, Berlin: Dohrmann Verlag (eine 2. erweiterte Auflage ist in Arbeit)
Kölsch-Bunzen, N./Morys, R./Knoblauch, C. (2015): Kulturelle Vielfalt annehmen und gestalten. Eine Handreichung zur Umsetzung des Orientierungsplans für Kindertageseinrichtungen in Baden-Württemberg, Freiburg/Basel/Wien: Herder Verlag
Kölsch-Bunzen, N./Saumweber, S. K. (2021): Inklusion in Early Excellence-einrichtungen. Das Fortbildungshandbuch, Berlin: Dohrmann Verlag
Kommunalverband für Jugend und Soziales Baden-Württemberg (KVJS) (Hrsg.) (2022): Orientierungseckpunkte zur Umsetzung der Bundesvorgaben zum verpflichtenden Gewaltschutzkonzept in Kindertageseinrichtungen und als Empfehlung für die Kindertagespflege, in: https://www.kvjs.de/fileadmin/dateien/jugend/Kindertageseinrichtungen/Kinderschutz/Orientierungseckpunkte_Kinderschutzkonzept.pdf; aufgerufen am 10.08.2023
Krappmann, L. (2016): Kinderrechte und Demokratiepädagogik in der Schule: Zum Auftakt. In: DeGeDe (Hrsg.): Hommage an die Demokratiepädagogik – 10 Jahre DeGeDe, Berlin: Deutsche Gesellschaft für Demokratiepädagogik, 37–41, in: www.degede.de/wp-content/uploads/2019/06/degede-festschrift-2016-10jahre.pdf; aufgerufen am 17.08.2023

Krumm, V./Eckstein, K. (2003): Geht es Ihnen gut, oder haben Sie noch Kinder in der Schule? Befunde aus einer Untersuchung über Lehrerverhalten, das Schüler und manche Eltern krank macht; in: Brunner, E. J./Noack, P./Scholz, G.: Diagnose und Intervention in schulischen Handlungsfeldern, Münster/New York/München/Berlin: Waxmann
Leidinger, M./Perels, F. (2012): Ein Netzwerk lernt. Evaluation des Modellschul-Netzwerks für Kinderrechte, in: https://www.makista.de/wpcontent/uploads/2017/04/Evaluationsbericht-Modellschul-NW-KiRe-Hessen-2012.pdf; aufgerufen am 17.08.2023
Liebel, M. (2007): Wozu Kinderrechte. Grundlagen und Perspektiven, Weinheim/München: Juventa
Liggesmeyer, L. (2019): Demokratie-Lernen in der Grundschule. Demokratietheoretische Grundlagen didaktischer Konzepte, Opladen/Berlin/Toronto: Budrich UniPress
Ludwig-Körner, C. (2007): Säuglinge und Kleinkinder. Selbstbestimmung von Anfang an; in: Overwien, B./Prengel, A. (Hrsg.) (2007): Recht auf Bildung – Zum Besuch des Sonderberichterstatters der Vereinten Nationen in Deutschland, Opladen/Farmington Hills: Barbara Budrich Verlag, 104–111
Maywald, J. (2018): Sexualpädagogik in der Kita, Freiburg/Basel/Wien: Herder Verlag, 3. Auflage
Maywald, J. (2019): Gewalt durch pädagogische Fachkräfte verhindern, Freiburg/Basel/Wien: Herder Verlag
Maywald, J. (2021a): Kinderrechte in der Kita. Kinder schützen, fördern, beteiligen, Freiburg/Basel/Wien: Herder Verlag, 2. Auflage
Maywald, J. (2021b): Kindeswohl in der Kita. Leitfaden für die pädagogische Praxis, Freiburg/Basel/Wien: Herder Verlag, 2. Auflage
Maywald, J./Ballmann, A. E. (2021): Gewaltfreie Pädagogik in der Kita. Basiswissen, Fallbeispiele, reflexionsfragen und Checklisten für Team- und Elternarbeit, München: Don Boco Verlag, 2. Auflage
Melzer, W./Schubart, W./Ehninger, F. (2004): Gewaltprävention und Schulentwicklung: Analysen und Handlungskonzepte, Bad Heilbrunn: Verlag Julius Klinkhardt, 1. Auflage
Melzer, W./Schubart, W./Ehninger, F. (2011): Gewaltprävention und Schulentwicklung: Analysen und Handlungskonzepte, Bad Heilbrunn: Klinkhardt UTB, 2. überarbeitete Auflage
Ministerium für Kultus, Jugend und Sport (2019): Demokratiebildung. Schule für Demokratie, Demokratie für Schule; in: https://docplayer.org/144123530-Demokratiebildung-schule-fuer-demokratie-demokratie-fuer-schule.html, aufgerufen am 18.07.2023
Ministeriums für Kultus, Jugend und Sport BW (2022): FAQ zur Änderung des Schulgesetzes zur schulischen Inklusion; in: https://km-bw.de/,Len/startseite/schule/FAQ_Inklusion; aufgerufen am 14.08.2023
Nentwig-Gesemann, I./Walther, B. (2021): Evaluationsbericht. Gelingensbedingungen einer nachhaltigen Verankerung von Kinderrechten in der Grundschule, Schriftenreihe des Deutschen Kinderhilfswerkes e. V. – Heft 8, Berlin: Deutsches Kinderhilfswerk e. V.; in: https://www.kinderrechte.de/fileadmin/Redaktion-Kinderrechte/2_Kinderrechtebildung/2.3_Kinderrechteschulen/2.3.1_Materialien/DESI_Evaluationsbericht_2021-09-17.pdf; aufgerufen am 15.08.2023
Nordt, G. (2017): Die Ganztagsschule auf dem Weg zum inklusiven Bildungsort; in: Amirpur, D./Platte, A. (Hrsg.): Handbuch inklusive Kindheit, Opladen/Toronto: Verlag Barbara Budrich Verlag/utb, 502–517
Nürnberg, C. (2018): Kita-Alltag zwischen Belastung und Erfüllung. Ergebnisse einer explorativen Interviewstudie mit Gruppenkräften und Kita-Leitungen. Weiterbildungsinitiative Frühpädagogische Fachkräfte, WiFF Studien, Band 31; in: https://www.weiterbildungsinitiative.de/publikationen/detail/kita-alltag-zwischen-belastung-und-erfuellung; aufgerufen am 09.08.2023
Oppermann, C./Winter, V./Harder, C./Wolff, M./Schröer, W. (Hrsg.) (2018): Lehrbuch Schutzkonzepte in pädagogischen Organisationen, Weinheim/Basel: Beltz Juventa Verlag

Organisation für wirtschaftliche Zusammenarbeit und Entwicklung (OECD) (2021): Education at a Glance; in: https://read.oecd-ilibrary.org/education/education-at-a-glance-2021_455a2bcc-en#page2; aufgerufen am 16.08.2023
Prengel, A. (2019): Pädagogische Beziehungen zwischen Anerkennung, Verletzung und Ambivalenz, Berlin/Toronto: Verlag Barbara Budrich, 2. überarbeitete Auflage
Prengel, A. (2020): Ethische Pädagogik in Kitas und Schulen, Weinheim/Basel: Beltz Verlag
Prengel, A./Winklhofer, U. (Hrsg.) (2014): Kinderrechte in pädagogischen Beziehungen. Band 2: Forschungszugänge, Opladen/Berlin/Toronto: Verlag Barbara Budrich
Reich, K. (2002): Konstruktivistische Didaktik. Lehren und Lernen aus interaktionistischer Sicht, München: Luchterhand
Remsperger, R. (2011): Sensitive Responsivität – Zur Qualität pädagogischen Handelns im Kindergarten, Wiesbaden: VS Verlag für Sozialwissenschaften
Renner, H./Perry, B./Plehn, M. (2020): Mittagessen: pädagogisch gestalten. Qualität in Hort, Schulkindbetreuung und Ganztagsschule. Freiburg, Basel, Wien: Herder
Richter, E./Lehmann, T./Sturzenhecker, B. (2017): So machen Kitas Demokratiebildung. Empirische Erkenntnisse zur Umsetzung des Konzepts ‚Die Kinderstube der Demokratie', Weinheim/Basel: Beltz Juventa
Richter, S. (2022): Vorurteilen und Diskriminierung in der Kita begegnen, Freiburg/Basel/Wien: Herder Verlag
Rosenberg, F. (2022): Die beschädigte Kindheit. Das Krippensystem der DDR und seine Folgen, München: C. H. Beck Verlag
Rosenberg, M. B. (2013): Gewaltfreie Kommunikation. Eine Sprache des Lebens. Paderborn: Junfermann
Ruppin, I. (2018): Kinder und Demokratie, Weinheim/Basel: Beltz Juventa
Sax, H. (2015): Kinderrechte und Partizipation – Indikatorenentwicklung im schulischen Kontext. Ein Pilotprojekt (OeNB), Wien: Ludwig Boltzmann Institut für Menschenrechte-Forschungsverein, in: https://www.politik-lernen.at/dl/pNntJKJKoNOmOJqx4kJK/Kinderrechte_Index_und_Leitfaden_final_pdf; aufgerufen am 30.12.2023
Sax, H./Turek, E./Steurer, D./Ausserer, K. (2015): Projektbericht. Kinderrechte und Partizipation – Indikatorenentwicklung im schulischen Kontext, in: https://www.politik-lernen.at/dl/qkOlJKJKoNOmOJqx4KJK/Projektbericht_pdf; aufgerufen am 30.12.2023
Schmidt, C./Rabe, A. (2021): Recht für die Kindheitspädagogik, Baden-Baden: Nomos
Schneider, A./Jacobi-Kirst, C. (Hrsg.) (2019): Demokratiepädagogik in Kindertageseinrichtungen. Partizipation von Anfang an, Opladen/Berlin/Toronto: Verlag Barbara Budrich
Schölles, R./Schönwälder, H.-G./Tiesler, G./Zachau, H. (2020): Zu viele Aufgaben, zu wenig Zeit: Überlastung von Lehrkräften in der Grundschule. Eine wissenschaftliche Expertise des Grundschulverbandes, Felsberg: Strube Druck und Medien
Schulz von Thun, F. (1920): Miteinander reden 1. Störungen und Klärungen. Allgemeine Psychologie der Kommunikation, Reinbek bei Hamburg: Rowohlt TB, 57. Auflage
Schulz von Thun, F/Ruppel, J./Stratmann, R. (2007): Miteinander reden: Kommunikationspsychologie für Führungskräfte, Reinbek bei Hamburg: Rowohlt Taschenbuch Verlag
Schumacher, I. (2015): Klassensprecher, Klassenrat und Schülerparlament: Praxisanleitungen zur Demokratieerziehung in der Grundschule, Mühlheim a. d. R.: Verlag an der Ruhr
Schumacher, I. (2021): Klassensprecher, Klassenrat und Schülerparlament. Praxisanleitung zur Demokratieerziehung in der Grundschule, Mühlheim an der Ruhr: Verlag an der Ruhr, Nachdruck von 2015
Schweer, Martin K. W. (Hrsg.) (2017): Lehrer-Schüler-Interaktion. Inhaltsfelder, Forschungsperspektiven und methodische Zugänge, 3., überarbeitete und aktualisierte Auflage, Wiesbaden: Springer VS; in: https://link.springer.com/content/pdf/10.1007%2F978-3-658-15083-9.pdf; aufgerufen 08.08.2023
Staats, H. (2014): Feinfühlig arbeiten mit Kindern. Psychoanalytische Konzepte für die Praxis in Kita und Grundschule, Göttingen: Vandenhoeck & Ruprecht

Sturzbecher/Großmann (Hrsg.) (2003): Soziale Partizipation im Vor- und Grundschulalter. Grundlagen, München/Basel: Ernst Reinhardt Verlag

Tellisch, C./Prengel, A. (2019): Pädagogische Beziehungen im Kindergarten. Wie inklusive Prozesse gestärkt und geschwächt werden; in: Herrmann, K. (Hrsg.): Inklusive Haltung und Beziehungsgestaltung, Freiburg: Herder Verlag, 2019, 35–52

Teschner, M. (2018): Wo ist die unsichtbare Linie? Kindergrenzen respektieren – Veränderungen anstoßen; in: Theorie und Praxis der Sozialpädagogik Sonderheft, Herbst 2018, Stuttgart: Klett Kita

Thole, W./Baader, M./Helsper, W./Kappeler, M./Leuzinger-Bohleber, M./Reh, S./Sielert, U./Thompson, C. (Hrsg.) (2012): Sexualisierte Gewalt, Macht und Pädagogik, Opladen/Berlin/Toronto: Verlag Barbara Budrich

UNICEF (2019): My place. My Rights. Jetzt rede ich, Deutsches Komitee für UNICEF; in: https://www.unicef.de/_cae/resource/blob/203746/746153b4bb4c0d0a027f7fc09d11b7af/report-umfrage-pdf-data.pdf; aufgerufen am 30.12.2023

Urban-Stahl, U. (2013): Beschweren erlaubt! 10 Empfehlungen zur Implementierung von Beschwerdeverfahren in Einrichtungen der Kinder- und Jugendhilfe. Handreichung aus dem Forschungsprojekt „Bedingungen der Implementierung von Beschwerdeverfahren in Einrichtungen der Kinder- und Jugendhilfe (BIBEK), Berlin: Freie Universität Berlin, Arbeitsbereich Sozialpädagogik; in: https://ombudschaft-nrw.de/pdf/BIKBEK-smale.pdf; aufgerufen am 30.12.2023

Viernickel, S./Fuchs-Rechlin, K./Strehmel, P./Preissing, C./Bensel, J./Haug-Schnabel, G. (2015): Qualität für alle. Wissenschaftlich begründete Standards für die Kinderbetreuung, Freiburg/Basel/Wien: Herder

Volkholz, S./Löhrmann, S. (2020): Demokratische Schule verantwortlich gestalten. Zur Bedeutung von Verantwortungsübernahme für demokratische Schulentwicklung. Heinrich Böll Stiftung: Berlin, in: www.boell.de/sites/default/files/2020-09/14_Teilhabegesellschaft_Demokratische-Schule-verantwortlich-gestalten.pdf?dimension1=division_bw; aufgerufen am 17.08.2023

Wapler, F. (2020): Chancen guten Ganztags für Kinder im Grundschulalter – menschenrechtliche Perspektiven. Gütersloh: Bertelsmann Stiftung

Wissinger, J. (2000): Rolle und Aufgaben der Schulleitung bei der Qualitätssicherung und -entwicklung von Schulen; in: Zeitschrift für Pädagogik, Jahrgang 46, Heft 6 – November/Dezember, 851–866; in: https://www.pedocs.de/volltexte/2012/6927/pdf/ZfPaed_6_2000_Wissinger_Schulleitung.pdf; aufgerufen am 10.08.2023

Abbildungsverzeichnis

Tabellenverzeichnis